日経BP

ひと目でわかる

Power Apps

ローコードで作成する
ビジネスアプリ入門

改訂新版

JN079928

株式会社イルミネート・ジャパン
奥田 理恵 [著]

まえがき

　本書を手にしていただき、ありがとうございます。本書はPower Appsを用いて業務アプリを作成する方法や作成したアプリの共有、管理に関する内容をまとめた解説書です。

　Power Appsはマイクロソフト社が提供するクラウドサービスであり、Power Platformというローコードプラットフォームに含まれるサービスの1つです。コーディングを必要とせず、ビジュアルデザイナーであらかじめ用意された部品を画面上に配置し、Excelのように数式を用いて動作を設定しながらアプリ作成が行えます。

　企業や組織内で利用されるビジネスアプリケーションは、組織全体で利用するシステムから、特定の業務で利用するもの、部門やチーム内のみで利用されるものなど、運用範囲や利用頻度が異なるさまざまなものがあげられます。組織全体で利用される場合や、基幹業務を支えるアプリケーションはパッケージ製品の導入や、個別開発されていることが多いと言えますが、それだけで組織内のすべての業務をカバーすることはできません。特に部門単位やチーム単位で行われるような業務は、既存アプリケーションで行うことは難しいですし、またそれらのすべてを個別開発することは現実的ではないでしょう。業務の進捗や履歴、顧客データなどの管理、見積や提案内容の申請承認などが、それらの一例としてあげられると思いますが、実際にその業務に関わるユーザーがExcelやAccessを用いて処理を行っていることも少なくありません。ローコードプラットフォームであるPower Appsは、プログラミングなど特別なITスキルを持たない一般の業務ユーザーが、自分たちのニーズに沿ったアプリを作成することを可能とします。Microsoft 365やDynamics 365、Salesforceなどの各種クラウドサービスやデータベースと接続を行うためのしくみも用意されていることから、業務向けのクラウドサービス、コンシューマー向けのクラウドサービス、オンプレミス上のデータといった、仕事で扱うさまざまなデータと連携したアプリが作成できます。また近年、働き方の多様化に伴い、業務アプリのモバイル対応も一般的となってきましたが、Power Appsで作成したアプリはモバイル実行も可能です。

　こういったPower Appsの可能性や利用イメージがだんだんと認知され、注目されることが増えてきた中で、Power Appsの利用を検討されている方より「どこから手を付けていいのかわからない」「アプリの作成方法をちゃんと知るためには何を参考とすればいいか」という声を耳にする機会も多くなってきました。リリース当初と比べると、日本語で提供されている技術情報やWeb上の記事の数は段違いに増えており、これらを読みながらアプリ作成スキルを身につけていただくことも不可能ではありませんが、体系立ててわかりやすくまとめられた解説書として使っていただきたいという思いから本書を執筆いたしました。

　また本書は前作である『ひと目でわかるPowerApps - ノンコーディングでのビジネスアプリ作成入門』の新バージョンとして企画がスタートしました。とはいえ前作執筆時より2年半が経過しており、Power Apps自体も単純に提供される機能が増えただけではなく、製品名やライセンス形態の変更、作成できるアプリ種類の追加、Power Platform内の1つという位置付けなど、前作執筆時と比較してかなり大きな進化をとげています。そのため前作と重複する内容がないわけではありませんが、ほとんどを新しい内容として作成しました。

　Power Appsはクラウドサービスであることから、ユーザーインターフェイスや機能は今後もアップデートされます。解説した内容や掲載した画面ショットが今後永久的に変わらず読んでいただけることは不

可能ではありますが、幾度となく重ねられたアップデートをウォッチしながら、本書をリリースするタイミングを何度も検討してまいりました。今後のアップデートにより本書の内容と画面等において差異が生じることもあるかとは思いますが、一度ご理解いただいた基本スキルはずっとお役にたてていただけると考えております。

　本書の章構成を次に示します。

第1章　Power Apps概要

　Power Appsがどのようなものか概要を解説します。また利用に必要なライセンスを紹介します。

第2章　利用環境の準備

　Power Appsを利用するための環境を解説します。また評価環境を用意する手順も含まれているので、本書での解説手順を試す環境を用意したい場合には、こちらを参考にして評価環境をご用意ください。

第3章　はじめてのキャンバスアプリ作成 - データから作成

　Power Appsではデータソースを指定することで、データの一覧および入力編集を行う基本的な機能を備えたアプリを自動生成できます。第3章ではデータから自動生成するしくみを利用してアプリ作成を行う方法を解説します。また自動作成されたアプリの内容を確認します。

第4章　キャンバスアプリの基本理解

　第3章で作成したデータから自動生成したアプリを編集しながら、画面の編集方法、頻繁に利用するコントロールの使い方、数式による動作の記述方法など、キャンバスアプリを作成するうえで知っておくべき内容を解説します。また章末にはPower Appsで利用できる数式のリファレンスを掲載しています。

第5章　アプリの共有と管理

　作成したアプリを他のユーザーと共有して利用する方法や、アプリの管理方法を解説します。

第6章　各種データソースへの接続

　Power Appsはさまざまなデータと連携したアプリが作成できます。Power Appsで扱えるデータソースに関連する内容として、各種データソースに接続する際に利用するコネクタや、キャンバスアプリ内でのデータソースの操作について解説します。

第7章　Common Data Serviceの利用

　Common Data ServiceはPower Appsで利用できるデータストレージです。この章ではCommon Data Serviceとは、およびCommon Data Serviceを利用したアプリ作成方法を解説します。

第8章　SharePointとの連携

　SharePointリストをデータソースとしたキャンバスアプリの作成や、SharePointリストのフォームを
Power Appsを用いて編集する内容を解説します。

第9章　Power Automateとの連携

　Power Automateは各種サービスと連携したフローを作成できるサービスです。Power Appsと
Power Automateは連携を行うための設定方法を解説します。

　本書によりPower Appsの可能性を感じていただくことはもちろん、操作方法を含む、基本的な知識を
習得いただければ幸いです。特にアプリ作成方法はステップバイステップの手順を用いて解説しており、実
践的なアプリを作成しながら確認いただける内容としております。入門書として、また基本機能や操作のリ
ファレンスとしてぜひご活用ください。

　最後となりますが、本書企画に携わっていただいた方、その後アップデートに伴う原稿書き直しにも最後
までご対応、お付き合いいただいた編集者さん、執筆作業中の私を支えてくださった方々に、心から感謝い
たします。

2020年5月

奥田 理恵

はじめに

「ひと目でわかるシリーズ」は、"知りたい機能がすばやく探せるビジュアルリファレンス"というコンセプトのもとに、Power Appsの概要からアプリ作成、Excelなどのさまざまなサービスやデータソースとの連携、Power Automate（旧称Microsoft Flow）との連携による高度なアプリの作成などについて、ステップバイステップ形式の詳細な手順と豊富な画面でわかりやすく解説します。

本書の表記

本書では、次のように表記しています。

■リボン、ウィンドウ、アイコン、メニュー、コマンド、ツールバー、ダイアログボックスの名称やボタン上の表示、各種ボックス内の選択項目の表示を、原則として［ ］で囲んで表記しています。

■画面上の ▽、∧、▽、▲のボタンは、すべて▲、▼と表記しています。

■ 本書でのボタン名の表記は、画面上にボタン名が表示される場合はそのボタン名を、表示されない場合はポップアップヒントに表示される名前を使用しています。

■手順説明の中で、「［○○］メニューの［××］をクリックする」とある場合は、［○○］をクリックしてコマンド一覧を表示し、［××］をクリックしてコマンドを実行します。

■手順説明の中で、「［○○］タブの［△△］の［××］をクリックする」とある場合は、［○○］をクリックしてタブを表示し、［△△］グループの［××］をクリックしてコマンドを実行します。

本書内の手順、および画面ショットについて

本書の内容に含まれるPower Apps、Power Automate、Microsoft 365はクラウドサービスであり、提供元であるマイクロソフト社より機能追加等、頻繁なアップデートが行われます。解説内容についても今後のアップデートにより、内容や画面が変更される可能性があることはご留意ください。特に操作画面は変更の可能性が高いと考えられますし、今後のアップデートにより本書の解説には含まれない新しい機能が追加されることもあります。画面や一部機能が変更されたとしても、本書の解説内容や操作の流れは同様に活用できます。

Webサイトによる情報提供

本書に掲載されているWebサイトについて

　本書に掲載されているWebサイトに関する情報は、本書の編集時点で確認済みのものです。Webサイトは、内容やアドレスの変更が頻繁に行われるため、本書の発行後、内容の変更、追加、削除やアドレスの移動、閉鎖などが行われる場合があります。あらかじめご了承ください。

訂正情報の掲載について

　本書の内容については細心の注意を払っておりますが、発行後に判明した訂正情報については本書のWebページに掲載いたします。URLは次のとおりです。

　https://project.nikkeibp.co.jp/bnt/atcl/20/P53970/

本書のサンプルファイルについて

　本書でアプリ作成時に利用しているサンプルデータ（Excelファイル）やアプリの完成ファイルは、本書のWebページからダウンロードできます。本書の手順を確認する際にご利用ください。下記のURLにアクセスし、［データダウンロード］の［サンプルファイルのダウンロード］をクリックすると、ダウンロードページに移動します。ダウンロード方法の詳細や、サンプルファイルを使用する際の注意事項を確認したうえでご利用ください（ファイルのダウンロードには日経IDおよび日経BPブックス＆テキストOnlineへの登録が必要になります。登録はいずれも無料です）。

　https://project.nikkeibp.co.jp/bnt/atcl/20/P53970/

　また本書に掲載している手順やサンプル内容は、解説を目的としたものです。内容のご利用および運用結果に関しまして、著者ならびに出版社は一切の責任を負いません。

第5章

アプリの共有と管理 121

第6章

各種データソースへの接続 155

Power Apps概要 第 **1** 章

Power Apps は PC やモバイル端末などさまざまなデバイスで動作するビジネスアプリを作成し、実行できるプラットフォームです。第1章では Power Apps がどのようなものか概要を理解します。

1 Power PlatformとPower Apps

Power Appsはビジネスアプリを作成して実行するためのしくみです。2016年11月から提供が始まり、その後いくどかの大きなアップデートを経て、現在の提供形態となりました。またPower Appsはアプリケーションを最低限のコーディングで構築・運用するための複数のサービスで構成されるPower Platformの一部として位置付けられています。

Power Platform

近年めまぐるしく変化するビジネスニーズに対応するため、働き方改革に伴い業務を効率化するため、また必要のない紙ベース業務からの脱却を図るためなど、さまざまな理由から業務アプリに対する需要は増加傾向にあるといえます。しかし実際にはなかなかアプリ提供は進まないことが多いようです。需要に対して提供されるアプリは1/5程度であるともいわれていますが、その主な要因としては次のような点があげられます。

● **詳細なニーズに対応するアプリが求められる**

業務アプリに求められる機能は詳細な動作や機能が求められることが多く、すでに組織に導入されているソフトウエアやサービスで対応できるケースは多くはありません。また新たにクラウドサービスやソフトウエアを導入しようとした場合も、自分たちのニーズを100%満たしてくれるものはないといってよいでしょう。もちろん無駄といえる要件を外し、選定・導入したクラウドサービスやソフトウエアを適切なカスタマイズの上で利用することは理想的な導入シナリオの1つですが、すべてをそのように対応することも難しいといえます。

業務部門の詳細なニーズ

予算には
限りがある

● **カスタム開発は時間もコストもかかる**

システム開発を専門とするベンダーや開発部門に依頼を行い、カスタム開発を行うと、もちろんニーズに沿ったアプリが作成できます。しかしコスト面からすべてのアプリに対するニーズをカスタム開発で対応するわけにはいきません。また要件の定義、ベンダー選定、調整、詳細ニーズの伝達と発生するやりとりも多く、時間がかかるものです。業務内容の変化により改修が必要となった場合には、また同様の時間やコストがかかることも考慮が必要です。

個別開発は
時間もかかる

既存データとの
連携

業務部門のニーズを満たすようなアプリが提供できないと、部門単位での個別最適化が進む原因ともなりえます。IT部門が提供/サポートしない独自サービスやアプリの利用、いわゆる「シャドーIT」が多くなることで、予期せぬ情報漏えいなど組織のセキュリティリスクが増すことにもなります。またセキュリティ面の懸念だけではなく、計画の下に導入されていない個別アプリケーションが増えることで、ビジネス上の資産にもなりえるデータが分断化され、せっかくの業務データを有効活用できない原因にもつながります。

Power Platform

Power Apps
- 業務アプリ作成
- マルチ デバイス対応

Power Automate
- 処理の自動化
- さまざまなサービスを連携

Power BI
- データ分析
- レポートやダッシュボード提供

Common Data Service
共通データストア、データ統合も

データコネクタ
さまざまなデータやサービスに接続

 非開発者がアプリ作成できる

業務プロセスの自動化による効率化/人為的エラー排除

ビジネスニーズをすばやく反映

 データ統合、分析、レポート

 IT部門による中央管理

　Power Platformはビジネスアプリをコーディングの必要なく構築・運用するための製品を提供するローコードプラットフォームです。Power Apps、Power Automate、Power BIの3つのサービスで構成され、Common Data Serviceやデータコネクタといった共通インフラを利用します。これらはすべてクラウドサービスとして提供されます。
　一般的なアプリケーション開発とは異なり、専門知識を持たない非開発者がアプリ作成や処理の自動化、データの収集や分析、予測までを一貫して行えるしくみを提供します。アプリ作成や複数のアプリやサービスをつなげた処理の自動化、データの収集や分析を、業務を理解している現場のユーザー自身で行えるため、ビジネスニーズや変更依頼に即座に、また柔軟に対応することが可能となります。
　また複数のアプリやサービスを利用する際に、その都度異なるアカウントでサインインを求められるのはユーザーの操作感を損ねてしまいますが、Power Platformは同じプラットフォーム上にPower AppsだけではなくPower AutomateやPower BI、Common Data ServiceがあることやAzure Active Directoryを利用することから、すべてをシームレスに連携できることもメリットといえます。また管理者にとっても煩雑となる複数のアカウント管理が必要ありません。

Power Platformを構成する製品

Power Platformは Power Apps、Power Automate、Power BI という3つの主なサービスから構成されています。

Power Apps

プログラミングの必要なくビジネスアプリの作成、利用が可能

- スマートフォンやタブレット、Web ブラウザーとさまざまなデバイスで利用可能なアプリが作成、展開できる
- UIを自由に作成しExcelライクに関数で動作を指定するキャンバスアプリと、データを利用し複雑な業務プロセスに対応できるモデル駆動アプリの2種類のアプリが作成できる
- あらゆるデータソース、サービスと接続が可能

Power Automate

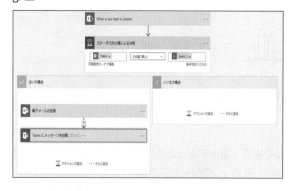

アプリやサービスをつないでフローやプロセスを自動化

- さまざまなアプリケーション、サービスを連携し、処理を自動化するフローが作成、実行できる
- よくあるシナリオはテンプレートから作成可能
- 用意された部品を組み合わせることでフローが定義できる

Power BI

業務データを収集、加工、分析するBIツール

- 多様なデータソースに接続し、データを統合、ビジュアル化できる
- データの更新や予測分析もできる
- 作成したダッシュボードやレポートはPCだけではなくモバイル端末からも利用可能

　またこれらの主な3つのサービスに加えて、共通で利用するデータストアである Common Data Service やデータコネクタ、Power Virtual Agents も Power Platform の一部です。同じデータに接続できるため、Power Apps アプリによるデータ収集、Power Automate による処理の自動化、Power BI によるデータ解析、予測までを一貫してローコーディングにより実現できるプラットフォームです。

ヒント

Power AppsやPower Automateの名称について

Power Apps、Power Automateはリリース時から名称が変更されています。Power Appsは、以前は単語間にスペースが含まれないPowerAppsで、Power Automateは、以前はMicrosoft Flowという名称でした。

● PowerApps（以前の名称）→ Power Apps
● Microsoft Flow（以前の名称）→ Power Automate

古い名称が記載されている資料やWeb記事を見かけることがあるかもしれないため、旧名称も知っておいたほうがよいです。

Common Data Serviceの名称変更について

「Common Data Service」は、2020年11月より「Microsoft Dataverse」に名称変更されました。また「エンティティ」は「テーブル」に、「フィールド」は「列」と呼ばれるようになります。本書の解説は執筆時点の名称や画面に基づいています。

Power Appsの特徴

　本書で紹介するPower AppsはPower Platformに含まれるビジネスアプリ作成が行えるサービスです。クラウド上やオンプレミス環境にあるビジネスデータと接続し、それらのデータを操作もしくは参照するためのアプリをコーディングなしで作成できます。また作成したアプリは各種モバイル端末やWebブラウザーとさまざまなデバイスで利用できます。

クラウド上、オンプレミス環境の
さまざまなデータソースと接続

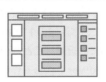

コーディングなしで
ビジネスアプリを作成

モバイルやWebに
対応簡単な展開

業務部門によるすばやいアプリ作成

　IT担当者や開発者ももちろん利用できますが、Power Appsでアプリ作成を行うために特別な開発スキルは必要ありません。しくみやアプリ作成時の設定方法について理解は必要ですが、ExcelやAccessを使いこなして業務管理を行うしくみを作成してきた経験があれば十分に習得できる内容です。業務上のニーズを把握しているユーザーが自分たちでアプリを作成できます。業務部門が主体となってアプリ開発が行えることで、自分たちが求めるニーズを反映したアプリをすばやく作成できます。業務内容に変更が発生した際も、アプリ修正を迅速に対応できます。また開発期間やコストの削減にもつながるでしょう。

さまざまなデバイスに対応

タブレット

スマートフォン

Webブラウザー
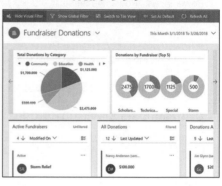

　Power Appsはモバイル端末、PC、ブラウザーとさまざまな実行環境をサポートするクラウドサービスです。必要な環境に最適化したアプリ作成が行え、またカメラやGPSなどのモバイル端末が持つ機能との連携も可能です。モバイルテクノロジーの進化や働き方の多様化により、ビジネスシーンでモバイル端末を使うケースはどんどんと増えてきています。メールやソーシャル機能の利用から、クラウド環境に共有されたファイルやデータの確認など、モバイル端末に標準で搭載されているアプリや一般的に提供されているアプリにより行える作業だけではなく、業務に特化した作業をモバイル上でも実現可能とするためには、業務アプリもモバイル対応が必要です。Power Appsは必要なデータに接続し、操作を行うためのアプリをモバイル対応も含めて作成できるしくみとして活用できます。

　またモバイル対応アプリを作成した場合の大きな課題の1つは展開作業といえます。各プラットフォームのストアを経由するなど、モバイル対応アプリの展開には複雑なことが伴いがちだからです。こういった作業を非ITのユーザーが実現することは難しいといえますが、Power Appsで作成したアプリはPower Appsというクラウドサービス上で動作するため、アプリ作成後の展開作業は、発行と共有相手の設定を行うだけです。利用者はブラウザーやモバイル端末にインストールできる専用アプリによりアプリが利用できます。作成から展開までを、開発者レベルの知識を必要とせず実現できます。

各種データソースやシステムと連携

　さまざまなデータソースと接続できることもPower Appsの大きな特徴の1つです。現時点でも300を超える接続先をサポートしています。企業におけるクラウドサービスの利用は今後も加速することが予想されますが、Power AppsはOffice 365、Dynamics 365、Azure、Salesforce、Dropbox、OneDrive for Business、Google Drive、Excelファイルなど、クラウド上の各種サービスとの接続を数多くサポートしています。またクラウド上のリソースだけではなく、オンプレミスデータゲートウェイを利用することでSQL Server、Oracle、DB2、SharePoint Serverなどの社内ネットワーク内にあるオンプレミスデータとの接続も行えます。

　あらかじめ用意されたコネクタを活用することで、アプリからさまざまなデータに接続できます。複数のクラウド上リソースを連携したアプリはもちろん、クラウド上のデータとオンプレ環境のデータ連携を含むアプリも作成できます。

アプリの種類

アプリに必要な内容に応じて使い分けできるよう、Power Appsでは次の2種類のアプリが作成できます。

■ キャンバスアプリ

■ モデル駆動型アプリ

空白のキャンバスにテキストボックスなどの入力コントロールやラベル、図形などさまざまな要素を配置し、自由に画面レイアウトが作成できます。また動作は関数を利用して数式を記述して設定します。Power Appsリリース当初からあるアプリ種類であり、一般的にPower Appsアプリといえば現在はこちらが主流といえます。

- さまざまなデータソースに接続できる
- 複数データソースをアプリ内で利用可能
- イメージどおりのUIが作成できる

データをもとにアプリを作成します。Common Data Serviceの機能がフル活用でき、フォーム、ビューなどのコンポーネントが標準で用意されています。また業務プロセスを設定することも可能です。

- 画面レイアウト、UIは標準で用意されているフォームやビューといったコンポーネントに基づいて自動で用意される
- Common Data Serviceを利用
- リレーションを含むデータや複雑な業務プロセスに対応したアプリが作成しやすい

ポイント　Power Apps ポータル

Power Apps では2種類のアプリだけではなく、ポータルというWeb サイトの作成も行えます。作成したポータルは組織内だけではなく、一般公開でき、Microsoft アカウントや外部認証でログインしたユーザーがアクセスできるサイトとして作成も可能です。

テンプレートを利用したページデザインや、画像やテキストの配置、さらに Common Data Service のフォームやビューを含む Web が作成できます。

業務プロセスの自動化

Power Automateはアプリケーションやサービス間で発生する業務プロセスやフローを実行するサービスです。Power Appsと同様に多数のデータソースとの接続をサポートし、複数のサービスを連携した上で、通知やデータ処理を行うプロセスや承認フローなどを組み込めます。「データに対して条件に沿った操作が実行されたらプッシュ通知を送信する」「ソーシャルへの投稿を行う」「登録されたデータ承認依頼メールを送信し、結果を得る」「ファイルやデータの移動やコピーを行う」など、用意されている部品を組み合わせることにより多様なフロー作成が行えます。

◆◇ Power Appsアプリ

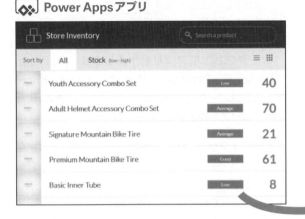

Power Automate フロー

通知送信、データ処理、承認プロセスなどさまざまな処理を定義

Power Appsアプリ内の操作からフロー開始

Power AppsアプリとPower Automateのフローは連携が可能です。それによりPower Appsアプリで登録したデータに対して自動的に行いたい処理やワークフロー等をPower Automateで作成できます。

全体管理によるセキュリティリスクの軽減、監査

Power Appsはユーザー部門が主体となりアプリ作成が可能なプラットフォームです。作成したアプリはアクセス許可が付与されたユーザーに共有され、またアプリで利用しているデータソースに対するアクセス許可も必要です。アクセス許可を持たないアプリやデータソースは利用できません。またIT担当者はセキュリティリスクを軽減するためのポリシー設定が行えます。Power Appsがサポートしているデータソースは多くあるため、その中で組織の運用ルールに沿って接続してもよいデータソースとそうではないデータソースを設定し、管理できます。

またOffice 365のセキュリティ/コンプライアンスセンターでIT管理者は、次のようなPower Appsに対する操作を監査ログとして確認できます。

Power Appsアプリのアクティビティ

アプリの作成	アプリの編集
アプリの削除	アプリの起動
アプリの発行	アプリをヒーローに設定
アプリをおすすめに設定	アプリのアクセス許可の編集
アプリのアクセス許可の削除	アプリのバージョンの復元

2 Power Apps利用に必要なライセンス

　Power Appsはサブスクリプション型のクラウドサービスです。アプリの作成、および実行を行うためには組織ごとにクラウドサービスの契約（サインアップ）が必要であり、基本的には利用を行うユーザー分のライセンスが必要です。ユーザープランと、アプリプランの2種類のプランが提供されています。またマイクロソフト社が提供する他のクラウドサービスであるOffice 365やDynamics 365には、一部の機能が制限された専用のPower Appsプランが含まれています。

Power Apps プラン	ユーザープラン	ユーザーごとに割り当てるPower Appsプランです。 Power Appsのすべての機能が利用できます。
	アプリプラン	ユーザーごとに割り当てる必要はなく組織内で2つのアプリを利用できます。 Power Appsのすべての機能が利用可能です。
Office 365/Dynamics 365に 含まれるPower Appsプラン		Office 365やDynamics 365のビジネス向けプランにそれぞれ機能制限されたPower Appsプランが含まれています。 Office 365やDynamics 365ユーザーの場合、追加費用なしですぐに利用できます。

● 各プランの機能概要

	Power Apps 単体プラン		Power Apps for Office 365
	ユーザープラン	アプリプラン	
利用できる アプリ数	無制限 ※キャンバスアプリ、 モデル駆動アプリ、ポータル	2つのアプリ（キャンバスアプリと モデル起動アプリの合計） と1つのポータル	無制限 （キャンバスアプリのみ）
接続	• 標準コネクタ • プレミアムコネクタ • オンプレミスデータゲートウェイ • カスタムコネクタ	• 標準コネクタ • プレミアムコネクタ • オンプレミスデータゲートウェイ • カスタムコネクタ	• 標準コネクタのみ — — —
容量	Common Data Service 250MB/データ容量 2GB/ファイル容量 5000/APIコール数 （1日1ユーザー）	Common Data Service 50MB/データ容量 400MB/ファイル容量 1000/APIコール数 （1日1ユーザー）	— — — 2000/APIコール数 （1日1ユーザー）
その他	環境の作成 データ統合機能	環境の作成 データ統合機能	

ポイント　ライセンス体系の大きな変更

　Power Apps ライセンスは2019年10月に大きな変更が行われました。以前はプラン1とプラン2という2種類のプランが用意されており、利用できる機能に一部差がありましたが、これらのプランは廃止され、ユーザープランとアプリプランの2種類に変更されました。機能差ではなくアプリの利用量によってプランを選択できるようになったことが変更点の大きな特徴といえます。またその後も詳細事項についてのアップデートがいくつか行われているため、最新のライセンス情報については必ず公式サイト等でご確認ください。

ポイント Office 365 での利用

Office 365 および Microsoft 365 はマイクロソフト社のクラウドサービスです。サブスクリプション型で提供され、プランにより含まれる内容に違いはありますが、次の内容をオールインワンで提供するものです。

・Office クライアント
・各種クラウドサービス：メール / 予定管理機能（Exchange Online）、オンライン会議 / インスタンスメッセージやチーム内コラボレーション機能（Microsoft Teams）、ファイルストレージ（OneDrive for Business）、情報共有サイト（SharePoint Online）など
・Windows OS ライセンス
・Enterprise Mobility ＋ Security

国内においても導入企業は増えており、Office 365 や Microsoft 365 に含まれるプランから Power Apps の利用を開始するケースが一番多いともいえるでしょう。複数のプランがありますが、企業向けのプランにおいて Power Apps が含まれるものは、次のとおりです。

- Microsoft 365 Business Basic
- Microsoft 365 Business Standard
- Microsoft 365 Business Premium

- Office 365 E1
- Office 365 E3
- Office 365 E5

※Office 365 の一部プラン（Office 365 Business Essentials、Office 365 Business Premium 等）は Microsoft 365 に名称が変更される予定です。Power Apps for Office 365 が含まれる Office 365、Microsoft 365 プランは上記のとおりですが、今後変更される可能性があるため最新情報は公式 Web サイトを確認してください。
※本書では上記の Power Apps for Office 365 が含まれる Office 365、Microsoft 365 プランのすべてを「Office 365」と記載していることがあります。

Microsoft 365 や Office 365 に含まれる Power Apps プランで制限されている機能を利用したい場合には Power Apps プランの追加も可能です。たとえば Power Apps ユーザープランを追加し、Power Apps のすべての機能を利用させたい組織内の一部のユーザーに割り当てるなどの利用方法があげられます。

ポイント 無償開発環境：コミュニティプラン

Power Apps にはコミュニティプランという無償の評価用プランが用意されています。有償版のプラン（Power Apps 各プラン、Office 365 や Dynamics 365 に含まれるプラン）との大きな違いは「1 人での利用」に限定されている点です。すべての種類のアプリ作成やデータ接続など Power Apps のすべての機能が利用できますが、基本的に 1 ユーザーでの検証に利用するものであり、アプリを他のユーザーと共有することはできません。アプリ作成作業を検証する自分専用の環境として利用可能です

利用環境の準備 第 **2** 章

本章ではPower Appsの利用環境について解説します。また本書の第3章以降では、実際に操作を行いながら読み進める内容が含まれます。操作を確認するための評価環境をセットアップする方法もあわせて紹介します。

1 Power Apps の利用環境とは

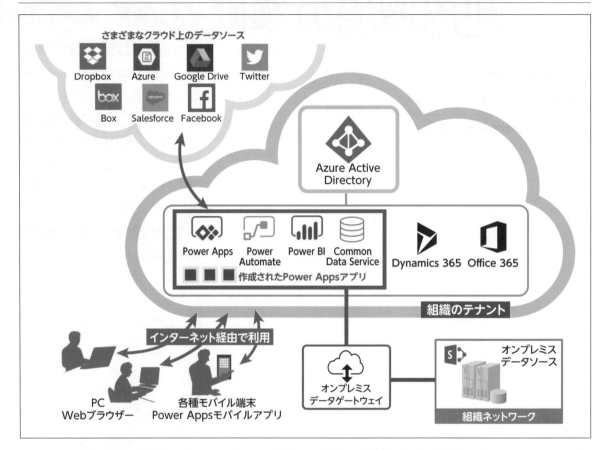

Power Appsはクラウドサービスです。第1章で解説したとおり、利用するためには組織ごとにPower Appsプラン（ユーザープランもしくはアプリプラン）、またはOffice 365、Dynamics 365の各プランの契約（サインアップ）が必要です。サインアップを行うと「テナント」とよばれる組織で利用できるクラウド環境が割り当てられます。

マイクロソフト社の各クラウドサービスは、クラウドベースのユーザー認証サービスであるAzure Active Directoryを利用して、組織内のユーザーアカウント（組織アカウント）を管理します。組織アカウントとは、Office 365、Dynamics 365、Power Appsなど、マイクロソフト社が提供するビジネス向けのクラウドサービスにおいて、ユーザーに割り当てられるアカウントをさし、メールアドレスとなります。

組織のテナント内（Azure Active Directory内）に作成されたユーザーにライセンスを割り当てることで、ユーザーは自分にライセンスが割り当てられたサービスが利用できます。利用する際はブラウザーやクライアントアプリケーションにおいて、自分の組織アカウントでサインインを行います。

アプリの作成者

組織アカウントを利用してPower Apps画面にサインインし、アプリの作成や作成したアプリの管理（共有など）を行います。

- **Power Apps画面**

Power Apps画面ではアプリの作成画面であるPower Apps Studioの起動や、作成したアプリの管理を行います。

- **アプリの作成画面：Power Apps Studio**

Power Appsアプリの作成を行います。

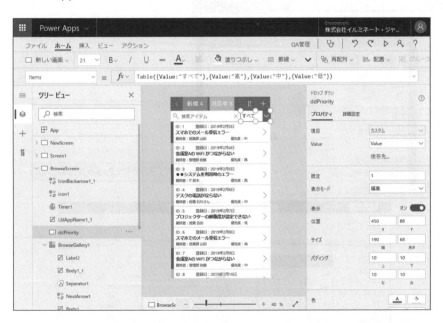

ヒント

Power Apps Studioについて

以前はPower Apps Studioはブラウザー版だけではなく、Windowsアプリ版も提供されていましたが、現在はブラウザー版のみで提供されています。

アプリの利用者

Power Apps アプリは PC やモバイル端末で利用でき、PC では Web ブラウザーでアプリを開いて利用します。

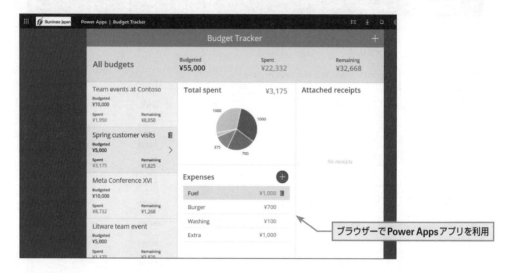

> ブラウザーで Power Apps アプリを利用

またアプリ作成者は、Teams タブや SharePoint サイト内に埋め込んでアプリを展開することもできるため、利用者はそれらの画面から Power Apps アプリを利用することも可能です。

> Teams タブに表示された Power Apps アプリ

> SharePoint サイトに表示された Power Apps アプリ

モバイル端末で利用する場合、端末にインストールされた［Power Apps］アプリを通じて利用します。モバイル用の［Power Apps］アプリは、iOS端末の場合はApp Store、Android端末の場合はGoogle Playより、それぞれインストール可能です。

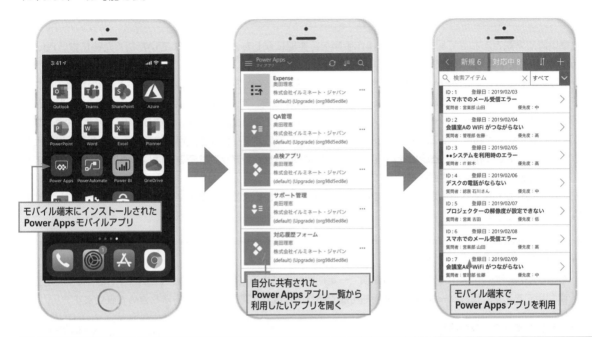

モバイル端末にインストールされた
Power Appsモバイルアプリ

自分に共有された
Power Appsアプリ一覧から
利用したいアプリを開く

モバイル端末で
Power Appsアプリを利用

組織のIT管理者

Office 365の全体管理者は、管理センターよりPower Appsに対するテナントレベルの設定（組織全体に対する設定）が行えます。

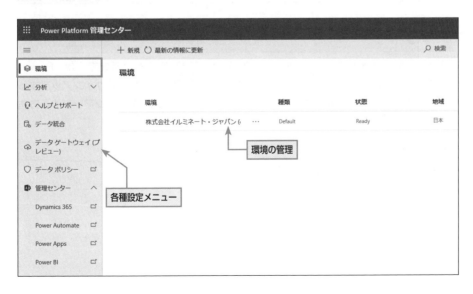

環境の管理

各種設定メニュー

詳細は「第5章 アプリの共有と管理」で解説します。

2 試用版のセットアップ方法

　次章以降で解説とあわせて記載している操作手順を、実際に試しながら読み進めていただくためには、Power Appsが利用できる環境が必要です。

　所属している組織ですでにPower AppsやOffice 365、Dynamics 365を導入している場合、所属組織の各クラウドサービス上でアプリの作成や利用が行えます。アプリの作成後、すぐに組織内のユーザーと共有して利用でき、運用環境で利用している各種データに接続したアプリ作成も行いやすいといえます。作成したアプリは、共有しない限りは他のユーザーが利用することはできないため、検証目的でのアプリ作成を運用環境で行うことも難しいことではありません。すでに利用できる環境をお持ちの方は評価環境のセットアップは読みとばしていただいてかまいません。本章の「3 Power Apps画面の確認」に進んでください。

　Power Appsが利用できる環境をお持ちでない場合、試用版もしくはコミュニティプランをサインアップして検証環境として利用できます。

- **試用版の場合**
  Office 365、Power Appsはそれぞれ無償で一定期間利用できる試用版が用意されています。試用版は30日間利用できます。複数ユーザーでの利用も可能であり、作成したアプリの共有方法も含めて試せます。

- **コミュニティプランの場合**
  コミュニティプランは無償で利用できる検証用プランです。試用版とは異なり利用期間の制限はありませんが、複数ユーザーでの利用は行えないため、作成したアプリの共有設定は行えません。「アプリ作成」を検証するための環境として利用できます。

試用版のサインアップ

　Power Appsユーザープランの試用版があればPower Apps機能のすべてを試すことができますが、Power AppsとOffice 365を両方利用することを検討されている場合は、Office 365試用版をあわせてサインアップすることをおすすめします。ここでは次のステップでOffice 365およびPower Appsの試用版をサインアップする方法を解説します。

① Office 365試用版をサインアップする
② Office 365試用版にユーザーを追加する
③ Power Apps試用版を追加する
④ Power Apps試用版ライセンスをユーザーに付与する

① Office 365 試用版をサインアップする

❶ Office 365のWebサイトより企業向けプラン一覧ページを開く。

https://products.office.com/ja-jp/business/compare-more-office-365-for-business-plans

❷ [無料で試す] をクリックする。

※E3、E5どちらでもかまわない。

❸ メールアドレスを入力し [次へ] をクリックする。

❹ [アカウントのセットアップ] をクリックする。

ヒント

Office 365のメールアドレスを入力した場合

Office 365のメールアドレスを入力した場合、既存のテナントにOffice 365試用版を追加するか、別テナントを作成するかを選択できます。別テナントを作成したい場合は、[代わりに新しいアカウントを作成] を選択します。

⑤
利用者情報を入力し、［次へ］をクリックする。
- ●姓、名
- ●電話番号
- ●会社名、会社の規模
- ●国または地域

⑥
メッセージを受信できる電話番号を入力し、［確認コードを送信］をクリックする。

⑦
指定した電話番号で受信した認証コードを入力し、［確認］をクリックする。

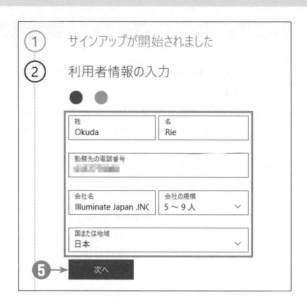

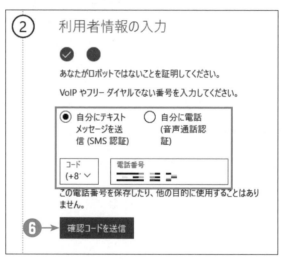

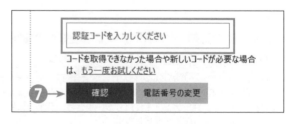

⑧ ドメインを指定して、[次へ]をクリックする。

⑨ ユーザーIDとパスワードを入力し[サインアップ]
をクリックする。

※ ここで指定したパスワードは忘れないようにする。

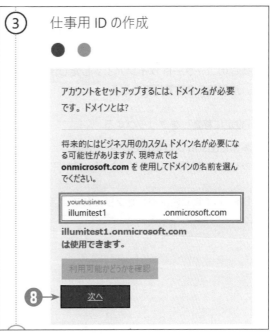

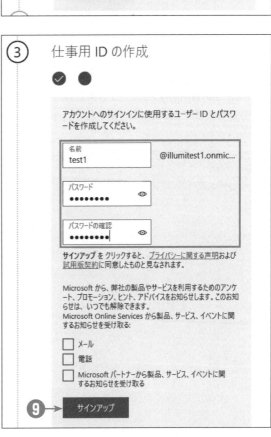

⑩

画面に表示されるユーザー ID（メールアドレス）を
控えておく。

※このユーザーはサインアップした Office 365 試
　用環境の全体管理者となる。

⑪

［設定に移動］をクリックする。

➡Microsoft 365 管理センターが開く。

※Office 365 試用版のサインアップが完了する。

⑫

［終了して後で続ける］をクリックする。

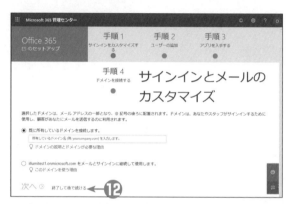

② Office 365 試用版にユーザーを追加する

　Office 365 試用版は 25 ユーザーまで追加できるため複数ユーザーで検証に利用できます。ユーザーを追加する必
要がない場合は行う必要はありません。

❶

［ユーザー］－［アクティブなユーザー］をクリックす
る。

❷
ユーザー一覧が開くため、［ユーザーの追加］をクリックする。

※既定ではサインアップ時に作成したユーザー ID のみが確認できる。またサインアップ時に作成したユーザーは全体管理者である。

❸
新規ユーザー作成画面が開くため、必要事項を入力し、［次へ］をクリックする。
- 姓、名、表示名、ユーザー名、パスワード
- 製品ライセンス：Office 365 E3、もしくは E5

❹
製品ライセンスが割り当てられていることを確認し、［次へ］をクリックする。

⑤ 管理者権限を付与したい場合は設定し、ユーザーで
よい場合は何もせず、[次へ]をクリックする。

⑥ [追加の完了]をクリックする。

⑦ [閉じる]をクリックしユーザー一覧に戻ると、ユー
ザーIDが追加されたことが確認できる。

※ さらにユーザーを追加したい場合は手順②～⑦を
繰り返す。

③ Power Apps 試用版を追加する

①でサインアップしたOffice 365試用環境にPower Apps 試用版（ユーザープラン）を追加する手順です。Office 365に含まれるPower Appsプランの機能のみを試したい場合は、行う必要はありません。また、同様の手順で既存のOffice 365環境にPower Apps試用版を追加することも可能です。

❶
Power AppsのWebサイトより価格一覧画面を開く。
https://powerapps.microsoft.com/ja-jp/pricing/
※あらかじめOffice 365にサインインした状態のブラウザーで操作する。

❷
［無制限のアプリの実行］の［無料で試す］をクリックする。
※ユーザープランをさす。

❸
［はい、アカウントに追加します］をクリックする。
※アカウントのセットアップ画面が表示された場合は、Office 365のメールアドレスを入力し、画面に従って操作を行う。

❹
［無料トライアル］をクリックする。

⑤
［続行］をクリックする。

⑥
Power Apps試用版が追加され、Microsoft 365管理センターが開く。

④ Power Apps 試用版ライセンスをユーザーに付与する

Power Apps試用版を利用するユーザーに、ライセンスを付与する手順です。

❶
［ユーザー］ ―［アクティブなユーザー］をクリックする。

❷
ユーザー一覧が開くため、Power Apps試用版ライセンスを割り当てたいユーザーをクリックして、ユーザー編集画面を開く。

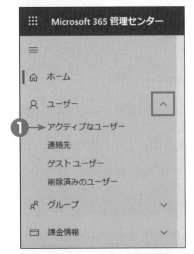

❸ ［ライセンスとアプリ］を開き、［Power Apps per user plan］を選択して、［変更の保存］をクリックする。

コミュニティプランのサインアップ

所属する組織でPower Appsが含まれるクラウドサービスを利用している場合でも、自分のアカウントにPower Appsを利用するためのライセンスが割り当てられていない場合もあります。また共有しない限りは、他のユーザーがアプリを利用できないとしても、組織の環境内に検証目的で作成したアプリを保存したくない、もしくは組織の運用ルール上それができないケースもあるでしょう。そのような場合はPower Appsコミュニティプランの利用がおすすめです。コミュニティプランは無償の評価環境であり、作成したアプリを他のユーザーと共有することはできませんが、アプリ作成の検証が可能です。コミュニティプランは組織アカウント（組織で割り当てられたアカウント）によりサインアップできます。そのため通常、業務で利用しているアカウントを利用して、自分専用のPower Appsの検証環境が用意できます。

Power Appsコミュニティプランをサインアップすると、次図のように、組織アカウントでサインイン後、Power Apps画面において組織内にアプリを作成するか、もしくは自分のコミュニティプラン内にアプリを作成するかを選択できるようになります。

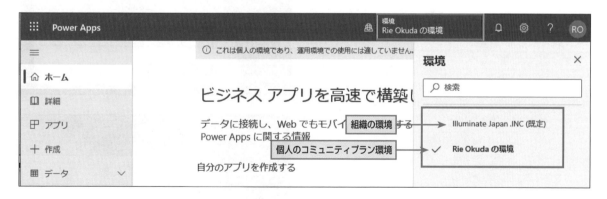

❶ PowerApps コミュニティプランの Web ページを
開く。
https://powerapps.microsoft.com/ja-jp/
communityplan/

❷ ［無料で今すぐ開始］をクリックする。

❸ メールアドレスを入力し、［サインアップ］をクリッ
クする。
※組織アカウントを指定する。

❹ ［アカウントをお持ちです］画面が表示されるため、
［サインイン］を行う。

❺ ［開始］をクリックする。
※しばらく待つ。

⑥ 国を選択後、［同意する］をクリックする。

⑦ コミュニティプランのサインアップが完了し、Power Apps画面が開く。

ヒント

組織アカウントについて

マイクロソフトが提供するビジネス向け（組織向け）クラウドサービスを利用している場合、各ユーザーに割り当てられるアカウントを**組織アカウント（職場または学校アカウント）**といいます。たとえばOffice 365を利用している会社に所属する場合、メールアドレスが組織アカウントとなります。組織アカウントは、組織のIT管理者により割り当てられるもので、Azure AD（Azure Active Directory）により管理されます。

組織で割り当てられたアカウントではなく、マイクロソフト社が提供する個人向けの各種サービス（Outlook.comやSkype、OneDrive、Xboxなど）を利用するために"自分で"作成したアカウントは**個人アカウント（Microsoftアカウント）**とよばれ、組織アカウントとは異なります。

本書の執筆時点では、Power Appsコミュニティプランのサインアップに個人アカウント（Microsoftアカウント）は利用できません。

また組織アカウントを利用してPower Appsコミュニティプランにサインアップした場合も、組織のIT管理者により、ユーザーがセルフサービスサインアップを行えないように別途設定がされている場合には、コミュニティプランのサインアップが行えないことがあります。

3 Power Apps画面の確認

利用環境の準備が完了したら、Power Apps画面を確認してみましょう。

　Power Apps画面は、作成したアプリの管理や共有を行うWeb画面です。アプリ作成もこの画面から行えます。また作成したアプリだけではなく、アプリ内で利用している接続、オンプレミスデータにアクセスするためのゲートウェイ、Common Data Serviceの管理もこの画面で行えます。Power Appsライセンスが割り当てられているユーザーが利用でき、次の手順で開けます。

❶ Office 365 のホームページを開く。

https://www.office.com/

❷ [サインイン] をクリックして、組織アカウントでサインインする。

➡ Office 365 ホームページが開く。

※ すでにサインイン済みの場合は、スキップされる。

❸ 画面左上の [アプリ起動ツール] アイコンをクリックし、表示されたアプリ一覧から [Power Apps] をクリックする。

※ 表示されていない場合は、[すべてのアプリ] をクリックする。

本書の内容には Power Apps 画面で行う手順が多く含まれます。次章以降の手順では、上記のように詳細を記載せず、「Power Apps 画面を開く」と簡潔に記載するため、ここで手順を確認しておいてください。

ヒント

Power Apps ライセンスが割り当てられていない場合

Power Apps が利用できるライセンスが割り当てられていない場合、Office 365 ホームページ内で [Power Apps] は表示されず、Power Apps 画面は開けません。Power Apps が含まれる Office 365 プランを利用している場合でも、Power Apps 機能が利用できないよう、詳細なライセンス設定がされているケースもあります。組織のIT担当者に確認してください。

右の画面では Office 365 管理センターにおいて、[ユーザー]−[アクティブなユーザー] 画面で、ユーザー情報の [ライセンスとアプリ] において、アプリの詳細ライセンスを確認しています。

アプリのテンプレート

　Power Apps を利用するとどのようなアプリが作成できるのか、また自身の業務においてどのように活用できそうであるかイメージをつかんでおきたい場合や、これからアプリケーション作成を行うにあたり、設定の参考がほしい場合におすすめなのがアプリのテンプレートです。Power Apps ではアプリのテンプレートが多数用意されており、各種コントロールの扱い方など画面作成時の参考になります。

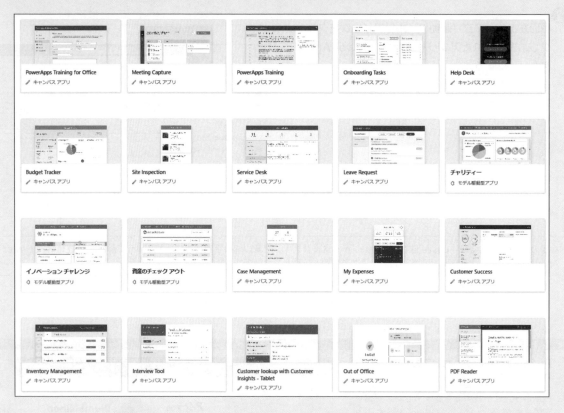

テンプレートからアプリを作成する手順は次のとおりです。

❶Power Apps画面の［ホーム］より［すべてのテンプレート］をクリックする。

❷利用してみたいテンプレートをクリックする。
　※画面を下にスクロールすると確認できる。

❸アプリ名を編集し、[作成] をクリックする。

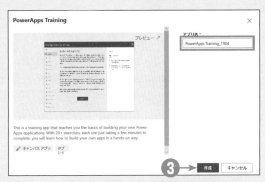

❹Power Apps Studioでテンプレートが開く。
　※テンプレートに含まれる内容を確認できる。
　※Power Apps Studioの利用方法や、アプリの作
　　成方法は次章から詳細を解説する。

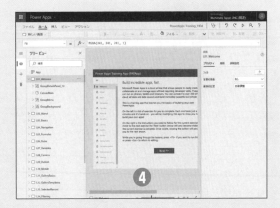

はじめてのキャンバスアプリ
作成―データから作成

第 **3** 章

Power Appsではデータソースを指定することで、データの一覧および入力編集を行う基本的な機能を備えたアプリを作成できます。この章ではデータからアプリを作成し、自動作成されたアプリに含まれる設定内容を理解します。

1 自動作成されるアプリの内容

Power Appsはキャンバスアプリを作成する際に、空白から作成する方法とデータから作成する方法の2種類の作成方法が利用できます。空白から作成する場合は、画面のデザインを一から行うことができます。データから作成する場合は、データを扱うアプリの基本となる一覧表示画面や入力画面が自動的に用意され、これらの画面をベースにアプリを作成できるため、すばやくアプリ作成を行う方法として利用できます。また自動的に用意される各画面内にはPower Appsでのアプリ作成の基本となる設定が多く含まれるため、これからPower Appsでのアプリ作成に取り組むときは、アプリ作成の基本を理解する方法としてもおすすめです。

本章ではデータから作成する方法でアプリを作成します。また既定で含まれる画面の内容や設定を確認しながらPower Appsでキャンバスアプリを作成するために基本となる内容を解説します。

既定で含まれる画面の内容

自動作成したアプリには、次のように一覧表示画面、編集画面、表示画面の3つの画面が既定で含まれ、一覧や編集といったデータを操作する基本機能が含まれます。

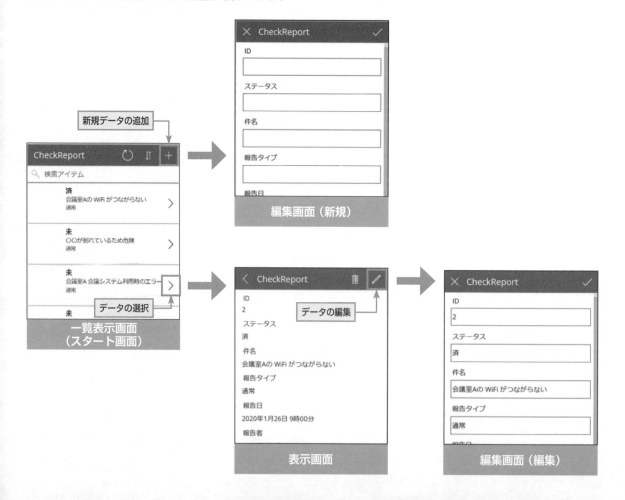

画面	機能

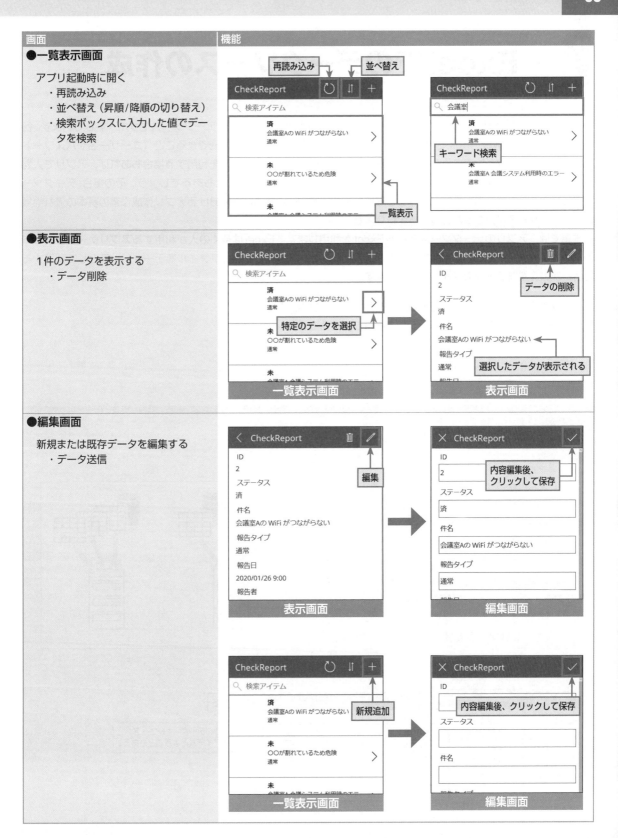

●一覧表示画面

アプリ起動時に開く
- ・再読み込み
- ・並べ替え（昇順/降順の切り替え）
- ・検索ボックスに入力した値でデータを検索

再読み込み　並べ替え

キーワード検索

一覧表示

●表示画面

1件のデータを表示する
- ・データ削除

特定のデータを選択

データの削除

選択したデータが表示される

一覧表示画面　表示画面

●編集画面

新規または既存データを編集する
- ・データ送信

編集

内容編集後、クリックして保存

表示画面　編集画面

新規追加

内容編集後、クリックして保存

一覧表示画面　編集画面

2 Excelでのデータソースの作成

　Power Appsは各種クラウドサービスからオンプレミス環境まで数多くのデータソースをサポートしています。各データソースをPower Appsで利用するためには、対象のデータソースに接続できること（ユーザー名やパスワード等を利用してサインインできること）が前提です。また既存のデータソースを利用する場合もあれば、アプリで入力されたデータを格納するためのデータソースを、アプリ作成時に用意することもあるでしょう。その場合、データソースに応じたデータ構造の定義方法に対する理解も必要です。Power Appsにおけるアプリ作成作業の基本の流れや操作はデータソースが異なったとしても変わりません。

　本章では、アプリのデータソースとしてExcelを利用します。Excelは多くの人が利用するアプリケーションであるため、データソースとして用意することが比較的簡単といえます。Excelファイルをデータソースとして利用する場合、次の作業をデータの準備として行います。

① Excelでデータソースとして利用したい範囲を「テーブル」として設定
② サポートされるクラウドストレージにExcelファイルを保存

コラム データソースとテーブル

　Power Appsでは1つのアプリから複数のデータソースに接続でき、テーブルごとに接続を行い、データソースとします。SharePointとSQLなど異なる複数の接続先を利用することも可能ですし、接続先が1つだとしても、複数のテーブルからのデータを扱う場合は、テーブルごとに接続設定を行いアプリのデータソースとして設定します。

　テーブルには次の要素があります。

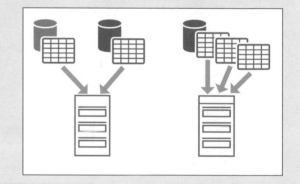

受注ID	登録日	担当者ID	顧客ID	数量
A001	7月1日	S005	K007	10
A002	7月2日	S006	K008	20
A003	7月3日	S007	K009	30
A004	7月4日	S001	K003	40
A005	7月5日	S002	K004	50
…	…	…	…	…

列

列名

1件のデータ（1レコード、1アイテムとよぶこともある）

Excelデータの用意

Excelファイルを Power Apps のデータソースとして利用するための考慮点は次のとおりです。

● **データソースとして利用したいデータ範囲は「テーブル」とする**

Excel内のデータソースとして利用したい範囲はテーブルとして定義する必要があります。また Power Apps から参照しやすいよう、テーブルにはわかりやすい名前を付けておくことをおすすめします。またテーブル名は Power Apps 内でのデータソース名にもなります。

● **複数のテーブルが1つのワークブック内に含まれる場合はテーブルごとにワークシートを分ける**

ワークブック内に複数のテーブルを含めることは問題ありません。しかしこの場合、テーブルごとにワークシートを分けることをおすすめします。Power Apps からレコードを追加する場合、Excelテーブルに行が増えることとなるため、他のテーブルとの利用範囲を重複しないようにするためです。

● **データ形式を指定しておく**

各列にデータ形式を指定しておきます。特に日付や数値の場合はデータ形式を指定することにより、Power Apps 上でデータ操作を行う場合に扱いやすくなります。

● **列名にスペースを含めないようにする**

列名にスペースが含まれる場合、Power Apps 上ではスペースは「_x0020_」に置き換わります。動作に問題はありませんが、数式内で列名を記述するなどに不便を感じることが多いため、列名にスペースを含めることは避けるほうがわかりやすいでしょう。

Excel ファイルの作成

次のような内容を持つExcel ファイルを作成します。

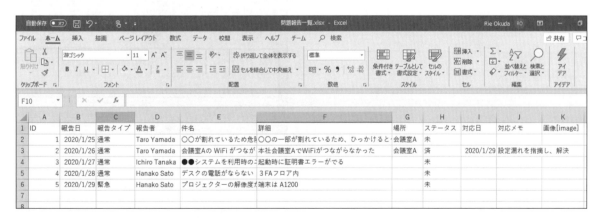

● [ID]、[報告日]、[報告タイプ]、[報告者]、[件名]、[詳細]、[場所]、[ステータス]、[対応日]、[対応メモ]、[画像[image]] の各列を用意します。

● 画面では5件のサンプルデータが含まれていますが、サンプルデータの内容はどのような内容でもかまいません。

> このファイルは、ダウンロードサンプルに含まれています。[第3章] フォルダー内の [問題報告一覧.xlsx] ファイルです。

テーブルの定義

データソースとして利用する範囲をテーブルとして定義します。またテーブル名をわかりやすい名前に変更します。

❶
Excelでデータが格納されている任意のセルをクリックして選択し、[ホーム]タブの[テーブルとして書式設定]をクリックして任意のスタイルを選択する。

❷
データ範囲が自動的に検出されるため、確認して[OK]をクリックする。
● [先頭行をテーブルの見出しとして使用する]はオンにする。

❸
指定した範囲がテーブルとして定義される。
※ テーブルでは、列ごとの並べ替え、フィルターなどの機能が利用できる。

❹
テーブル内の任意のセルを選択し、表示された[テーブルデザイン]タブを開き、[テーブル名]を「CheckReport」に変更する。
※ 環境によっては、タブ名が異なることがある。

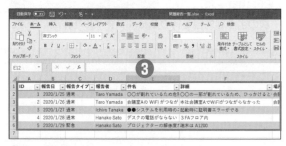

列に対するデータ形式の設定

列に対するデータ形式を設定します。

❶　[ID]列を選択し[ホーム]タブの[数値]でデータ形式を[数値]に設定する。

❷　同様に[報告日]列および[対応日]列のデータ形式を[短い日付形式]に設定する。
- ドロップダウンリストの▼をクリックし、表示された一覧から[短い日付形式]を選択する。設定後は[日付]と表示される。

❸　Excelファイルを上書き保存する。

クラウド上にファイルを保存

Excelファイルの用意が完了したら、次にPower Appsがサポートするクラウドストレージにファイルをアップロードします。サポートされるアップロード先の場所は次の5種類です。

- OneDrive for Business
- OneDrive
- Google Drive
- Dropbox
- Box

次の手順ではOffice 365で提供されるOneDrive for BusinessにExcelファイルを保存しています。手順どおりに進めたい場合、Office 365環境がないときは、第2章の「2　試用版のセットアップ方法」を参照してOffice 365試用版を準備してください。OneDrive for Business以外のクラウドストレージにファイルを保存する場合は、次の手順はスキップし、用意したExcelファイルをOneDriveやGoogle Driveなど任意の場所にアップロードしてください。

①

Office 365 ホームページを開き、組織アカウントを利用してサインインする。

https://www.office.com/

②

画面左上の［アプリ起動ツール］アイコンをクリックし、表示されたアプリ一覧から［OneDrive］をクリックする。

③

OneDrive for Business 画面が開く。

④

［新規］－［フォルダー］をクリックし、［フォルダーの作成］画面で任意の名前を入力して［作成］をクリックする。

➡ フォルダーが作成される。

⑤

作成したフォルダー内に、前の項で用意した Excel ファイルを保存する。

● ［アップロード］メニューを利用するか、ファイルをフォルダーにドラッグアンドドロップする。

3 データからのアプリ作成

データソースをベースに、基本的なデータ操作機能（作成、参照、更新、削除）を持つアプリを自動作成します。

キャンバスアプリの作成

❶ Power Apps画面を開き［アプリ］をクリックする。

❷ ［新しいアプリ］−［キャンバス］をクリックする。
▶ 別タブでPower Apps Studioが開く。

❸ ［新規］で［データを使用して開始］カテゴリー内の［OneDrive for Business］−［携帯電話レイアウト］をクリックする。

❹ OneDrive for Businessの［作成］をクリックする。
※ これまでにOneDrive for Businessへの接続を行ったことがある場合、以前作成した接続を利用できるため次の手順へ進む。

❺ OneDrive for Businessの内容が表示されるため、事前にOneDrive for Business内に保存しておいたExcelファイルを選択する。

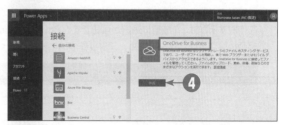

⑥ Excelファイル内のテーブルが一覧表示されるため、[CheckReport] を選択して [接続] をクリックする。

⑦ アプリが作成される間しばらく待つ。

⑧ 指定したデータソースをベースにアプリが作成される。

※ [Power Apps Studioへようこそ] などのダイアログが表示された場合は [スキップ] をクリックしてダイアログを閉じる。

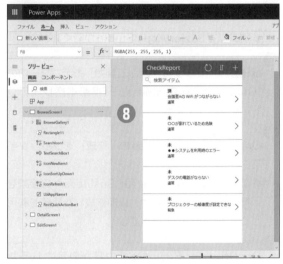

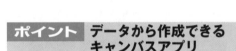

ポイント　データから作成できる
キャンバスアプリ

手順❸の画面で確認できるように、データから作成できるキャンバスアプリは[携帯電話レイアウト]のみです。作成後に、縦横の向きを変更することは可能です。

ポイント　アプリを作成する環境の選択

組織の Power Apps 環境と自分の検証環境であるコミュニティプランの両方を利用している場合、どちらにアプリを作成するかは、作成前に選択が可能です。Power Apps 画面で右上の環境一覧で選択します。Power Apps Studio 起動後は変更ができないため、アプリ作成時に確認してください。

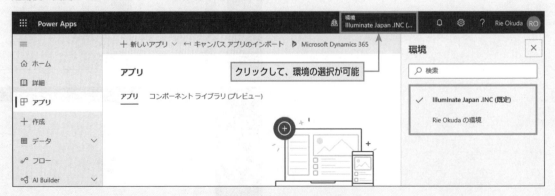

アプリのプレビュー

　作成中のアプリはプレビュー実行により動作確認が行えます。[アプリのプレビュー]ボタンをクリックするか、または F5 キーを押すと、プレビュー実行が開始されます。終了するには画面右上の[×]をクリックします。

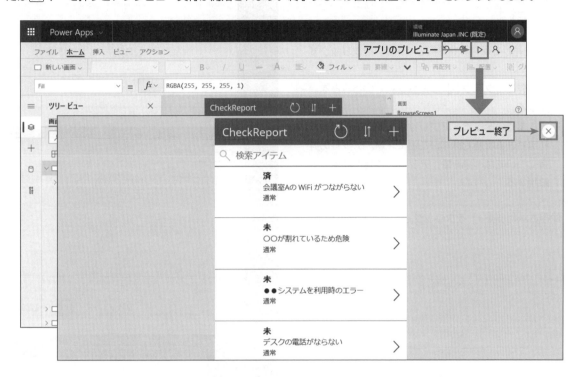

　プレビュー実行により、自動作成されたアプリの動作を確認します。自動作成されたアプリには3つの画面が含まれています。本章の「1　自動作成されるアプリの内容」で、自動作成されるアプリの既定の動作が確認できます。

アプリの保存

　作成したアプリを保存します。

❶

　[ファイル]タブをクリックする。

❷ [設定]-[名前＋アイコン]が開くので、アプリの名
前を任意に変更する。

※あわせてアイコンや背景色の設定、アプリの説明
を指定する。

❸ [名前を付けて保存]を選択し[保存]をクリックす
る。

※保存先に[クラウド]が選択されていることを確
認する。

※ここまでの操作で、アプリはまだ他のユーザーが
利用できる状態ではないことに注意。アプリの共
有については「第5章　アプリの共有と利用」で
解説する。

❹ 保存されたら[←]をクリックして編集画面に戻る。

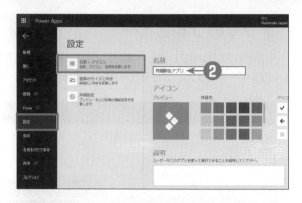

4 自動作成アプリに含まれる設定の理解

　自動作成されたアプリには、アプリ作成時に頻繁に利用するコントロールが含まれており、また知っておくべき基本的な設定が数多く含まれています。データから自動作成したアプリは、そのままの内容で利用するケースはほとんどなく、ニーズに応じて画面デザインの変更や機能を追加して利用します。そのために、まずは自動作成されたアプリに含まれる既定の画面内容や設定内容を理解しましょう。自動作成されたアプリには、キャンバスアプリの基本となる次の内容、および関連する設定が含まれています。

- アプリ内の画面、また画面間の移動
- ギャラリーコントロールを利用したデータの一覧
- 表示フォームコントロールや編集フォームコントロールの利用方法

> 自動作成したアプリをベースとし、アプリの内容を編集する方法は次章で解説します。

Power Apps Studioの画面構成

　Power Apps Studioの画面は次の内容で構成されています。

構成要素	内容
ツリービュー	アプリ内の画面、および画面内のコントロールが一覧表示されます。編集を行う画面を切り替える際や、設定を行いたいコントロールを選択する際などに利用します。
画面の編集領域	画面一覧から選択した画面が開き、画面内容の編集作業を行う領域です。
プロパティウィンドウ	画面一覧、もしくは編集領域で選択した画面もしくはコントロールのプロパティが表示されます。画面やコントロールのプロパティ設定が行えます。
プロパティ選択、数式バー	選択中の画面もしくはコントロールのプロパティを選択し、選択したプロパティに対して値や数式が指定できます。

　画面やコントロールのプロパティは、プロパティウィンドウ/数式バーのどちらからでも設定できます。たとえば、画面上部に表示されている［CheckReport］（ラベルコントロール）をクリックして選択すると、ラベルのテキストプロパティ（ラベル内に表示される文字列を指定するプロパティ）がプロパティウィンドウと数式バーの両方で設定が行えることを確認できます。

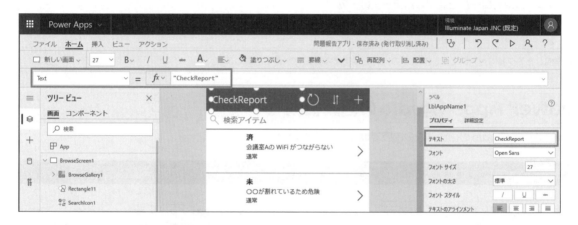

データソースの確認と更新

　アプリ内に含まれるデータソースは［ビュー］メニューから［データソース］をクリックすると［データソース］一覧が開いて確認できます。［データソース］一覧では、データソースの追加や削除が行えます。またアプリ作成中に、データソースの内容が更新された場合などに［最新の情報に更新］を利用することでアプリ内のデータを最新に更新できます。

アプリ内の画面

アプリ内には既定で3つの画面が用意されます。ツリービューから画面名をクリックすることで編集する画面を切り替えられます。アプリの起動時に開くスタート画面は、ツリービューで一番上に配置した画面が利用されます。ただしプレビューを行った場合はスタート画面からプレビュー実行されるわけではなく、編集中の画面からプレビュー実行されます。

- BrowseScreen1
- DetailScreen1
- EditScreen1

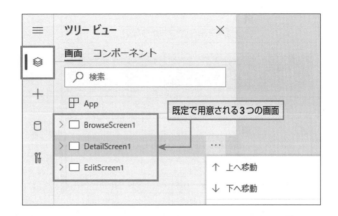

各画面には、画面間を移動する設定が含まれています。画面の移動に関する設定はほとんどの場合、コントロールのOnSelectプロパティ（クリックやタップ時の動作を指定）に対して数式により設定されています。画面の移動に利用する関数には次の2つがあります。

● Navigate関数

指定した画面に移動します。Navigate(移動先の画面名, 移動時の効果)の形式で指定します。

● Back関数

1つ前の画面に戻ります。

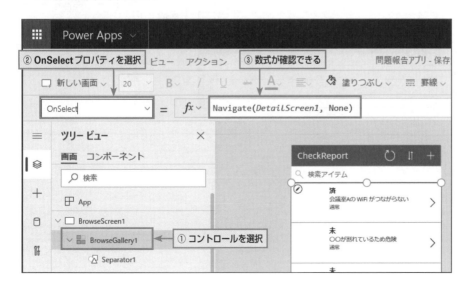

既定で含まれる画面移動に関する設定を次の表にまとめます。

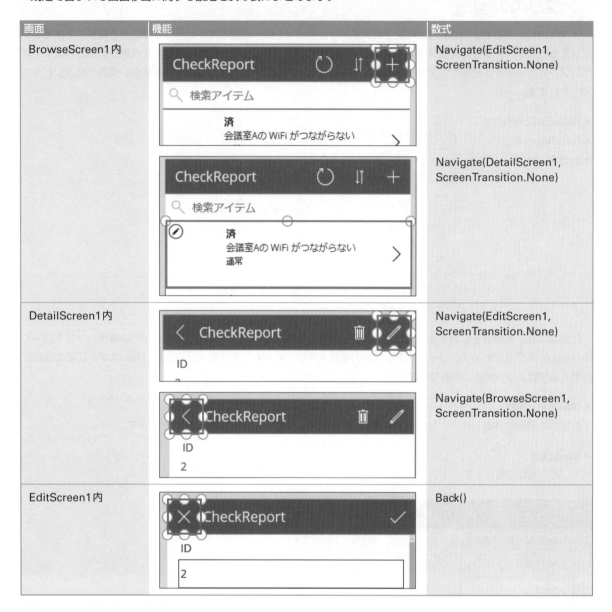

画面	機能	数式
BrowseScreen1内		Navigate(EditScreen1, ScreenTransition.None)
		Navigate(DetailScreen1, ScreenTransition.None)
DetailScreen1内		Navigate(EditScreen1, ScreenTransition.None)
		Navigate(BrowseScreen1, ScreenTransition.None)
EditScreen1内		Back()

一覧表示画面（BrowseScreen1）

BrowseScreen1画面はアプリ開始時に開くスタート画面で、データソースの一覧表示を行う画面として用意されます。

ギャラリーコントロール

BrowseScreen1画面に配置されているデータソースから一覧を表示するために利用するコントロールです。アプリ作成時に指定したデータソースが、ギャラリーコントロールに設定されています。

検索と並べ替え

検索の実行や並べ替えはギャラリーコントロールと連動して設定されています。

ギャラリーコントロールに表示するデータソースは、ギャラリーコントロールのItemsプロパティで設定します。BrowseScreen1画面に含まれるBrowseGallery1（ギャラリーコントロール）のItemsプロパティは次のように設定されています。

```
SortByColumns(Search(CheckReport,TextSearchBox1.Text,"ステータス","件名","報告タイプ"),
"ステータス",If(SortDescending1,Descending,Ascending))
```

- **Search関数**

データソース（CheckReport）より、検索ボックスに入力されたキーワードがステータス列、件名列、報告タイプ列に含まれるデータを検索します。

- **SortByColumns関数**

Search関数の結果を並べ替えます。並べ替えのキーとなる列はステータス列で、昇順か降順は変数値（SortDescending1）を参照し、変数SortDescending1の値がtrueなら降順、falseなら昇順となります。

並べ替えやフィルター機能を必要としない場合、ギャラリーコントロールのItemsプロパティに対する一番手軽な設定はデータソース名を指定することです。

更新ボタン

BrowseScreen1画面に含まれる更新ボタンは、クリックするとデータソースを再読み込みし、他のユーザーが加えた変更を反映します。Refresh関数を利用して設定されています。

表示画面 (DetailScreen1)

DetailScreen1画面は、選択されたデータの内容（各フィールド）を表示します。

表示フォームコントロール

表示フォームコントロールは、データソース内の1つのレコードを表示するコントロールです。DetailScreen1画面内に配置されています。

アプリ作成時に指定したデータソースが表示フォームコントロールに設定されています。「どのデータソース」から「どのレコード」を表示するかを、DataSourceプロパティおよびItemプロパティで指定します。

既定のアプリ動作を思い出してみましょう。BrowseScreen1画面のギャラリーコントロールから特定のレコードをクリックすると、選択したレコードが表示画面であるDetailScreen1画面内で開きます。ギャラリーコントロールで選択されたレコードを表示するように、表示フォームコントロールのItemプロパティが設定されています。BrowseGallery1（ギャラリーコントロールの名前）のSelectedプロパティが指定されていることが確認できます。

編集画面（EditScreen1）

EditScreen1画面はデータの新規登録や編集を行うフォームとして利用します。

編集フォームコントロール

編集フォームコントロールは、データソース内のレコードを追加・編集する際に利用するコントロールです。EditScreen1画面内に配置されています。

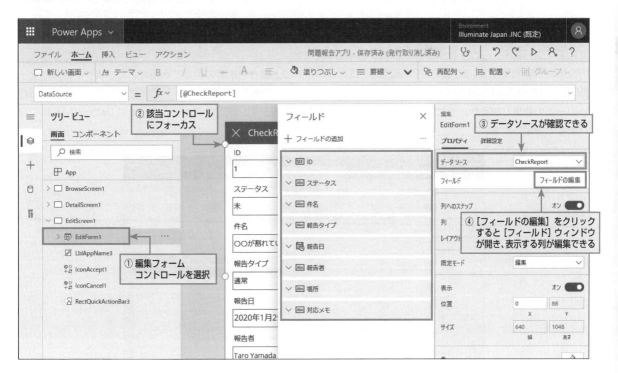

　アプリ作成時に指定したデータソースが編集フォームコントロールに設定されており、表示フォームコントロールと画面も設定もとてもよく似ていることが確認できます。DataSourceプロパティ、Itemプロパティに対して表示フォームコントロールと同じ値が設定されています。

ヒント

各画面やコントロールのプロパティ確認

各画面やコントロールのプロパティ確認や設定を行う際、ツリービューから該当する画面もしくはコントロールを選択します。選択された内容は編集画面上でフォーカスされ、右側のプロパティウィンドウでプロパティ内容を確認できます。また画面上部のプロパティ選択で選択すると、そのプロパティの値が数式バー内で確認できます。プロパティ値の設定時も、同様に右側のプロパティウィンドウ、数式バーのどちらでも行えますが、数式の記述は上部の数式バーのほうが行いやすいといえます。

フォームモードの使い分け

　EditScreen1画面は、新規レコード追加時と既存レコードの上書き編集時の両方で利用されています。編集フォームコントロールにはEdit/New/Viewの3種類のフォームモードがあり、新規レコード追加であるか、それとも既存レコードの編集であるか、また読み取り表示であるかを制御できます。既定のフォームモードはDefaultModeプロパティで設定します。

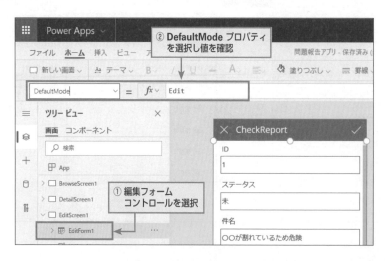

フォームモードは関数により設定できます。

- **NewForm関数**

指定したフォームのモードをFormMode.Newに設定します。フォームモードがNewの場合、編集フォームのItemプロパティは動作されず、フォーム内に既存レコードは表示されません。また編集フォームを送信すると、データソースに対するレコード追加が行われます。

自動生成アプリでは、BrowseScreen1画面の［＋］アイコンに対して、OnSelectプロパティの数式として含められています。

```
NewForm(EditForm1); Navigate(EditScreen1, ScreenTransition.None)
```

編集フォーム（EditScreen1画面内のEditForm1）のモードをNewに設定し、その後Navigate関数でEditScreen1画面に移動しています。

- **EditForm関数**

指定したフォームのモードをFormMode.Editに設定します。この場合編集フォームのItemプロパティで指定されたレコードがフォーム内に表示されます。編集フォームの送信時には既存レコードの上書きが行われます。

自動生成アプリでは、DetailScreen1の編集アイコンに対して、OnSelectプロパティの数式として含められています。

```
EditForm(EditForm1); Navigate(EditScreen1, ScreenTransition.None)
```

編集フォーム（EditScreen1画面内のEditForm1）のモードをEditに設定し、その後Navigate関数でEditScreen1画面に移動しています。

- **ViewForm関数**

指定したフォームのモードをFormMode.Viewに設定します。編集フォームのItemプロパティで指定されたレコードが読み取り専用で表示されます。自動生成アプリでは利用していません。

数式の編集

各プロパティに数式を記述する際、複数の処理を行う場合はセミコロン (;) で区切って記述します。先ほどの例では NewForm 関数と Navigate 関数の2つの処理を記述しています。数式バーは高さを変更可能であり、「;」で区切る箇所などわかりやすい位置で改行してもかまいません。改行は Shift ＋ Enter キーで行えます。また [テキストの書式設定] をクリックすると、長い数式が読みやすくフォーマットされます。[フォーマットの解除] で元に戻ります。

保存

　編集フォームコントロールで行われたデータの編集内容は SubmitForm 関数を利用してデータソースに送信できます。EditScreen1 画面の [✓] アイコンの OnSelect プロパティを確認すると、SubmitForm 関数が確認できます。

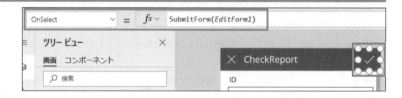

- **SubmitForm 関数**

　SubmitForm 関数は次のように動作します。

- 送信エラー時

　入力内容がデータソースで設定されている制約（必須やデータ型など）に反する場合など、送信エラーが発生した場合、編集フォームの Error プロパティと ErrorKind プロパティにエラーに関する情報がセットされます。また編集フォームの OnFailure プロパティに設定した数式が実行されます。

- 送信成功時

　送信が成功したときは、Error プロパティと ErrorKind プロパティの値がクリアされ、編集フォームの OnSuccess プロパティに指定した処理が実行されます。

　既定では編集フォーム（EditForm1）では、OnFailure プロパティには何も設定されておらず、OnSuccess プロパティには Back 関数が設定されています。送信成功後は、1つ前の画面に戻ります。

キャンバスアプリの基本理解

第 **4** 章

前章でデータから作成したアプリを編集しながら、頻繁に利用するコントロールの使い方、数式による動作の記述方法など、キャンバスアプリ作成時に知っておくべき内容を解説します。

1 本章で作成するアプリの内容

　第3章で作成し、既定の内容を解説したデータから作成したアプリをベースに、アプリ作成の基本となる内容を解説します。

- 画面の制御
- 画面内容のデザイン方法
- よく利用する基本コントロールの扱い方（ギャラリー、表示フォーム、編集フォーム、ボタンなど）
- データソースへの新規、上書き、削除方法
- 条件に合うデータの件数表示
- 変数やコレクションの扱い方
- 数式の記述方法、基本的な関数の理解

> 本章は、第3章の手順を行っていることを前提とした内容です。解説のみを確認することも可能ですが、実際に手順を試しながら読み進める際には、先に第3章の内容を確認してください。

データソース内容の確認

　第3章の手順で利用したExcelファイルを利用します。再度内容を確認してみましょう。

ID	報告日	報告タイプ	報告者	件名	詳細	場所	ステータス	対応日	対応メモ	画像[image]
1	2020/1/25	通常	Taro Yamada	○○が割れているため危険	○○の一部が割れているため、ひっかけるとケ	会議室A	未			
2	2020/1/26	通常	Taro Yamada	会議室AのWiFiがつながらない	本社会議室AでWiFiがつながらなかった	会議室A	済	2020/1/29	設定漏れを指摘し、解決	
3	2020/1/27	通常	Ichiro Tanaka	会議室A 会議システム利用時のエ	起動時に証明書エラーがでる		未			
4	2020/1/28	通常	Hanako Sato	デスクの電話がならない	3FAフロア内		未			
5	2020/1/29	緊急	Hanako Sato	プロジェクターの解像度が設定で	端末は A1200		未			

●列構造

列名	データ形式	概要
ID	数値	一意な数字をIDとして付与
報告日	日付	新規登録時に日付を自動的に指定
報告タイプ	文字列	「通常」、「緊急」から選択
報告者	文字列	新規登録時にユーザー名を自動的に指定
件名	文字列	件名を入力
詳細	文字列	詳細を入力
場所	文字列	場所を入力
ステータス	文字列	「未」もしくは「済」から選択
対応日	日付	対応した日付を入力
対応メモ	文字列	対応結果など対応時の備考情報を入力
画像[image]		カメラで撮影もしくは選択した画像を保存

> ExcelをPower Appsのデータソースとして利用する際には、データ範囲をテーブルとして定義します。またファイルはOneDrive for Businessなど対応するクラウドストレージに保存します。これらは第3章で解説した手順により設定が完了しています。

完成イメージ

次のような5つの画面を持つアプリとなるよう内容を編集します。

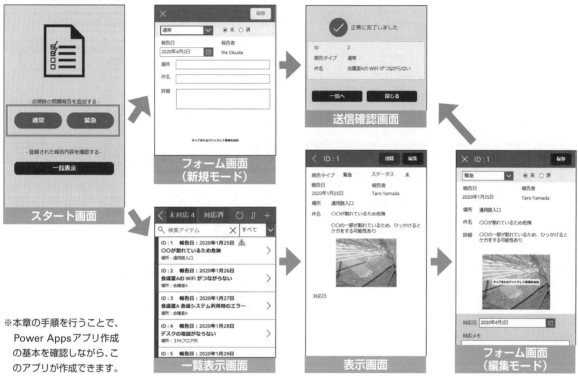

※本章の手順を行うことで、
Power Appsアプリ作成
の基本を確認しながら、こ
のアプリが作成できます。

各画面に追加する機能

●スタート画面

・画像の表示
・他の画面へ移動するボタン

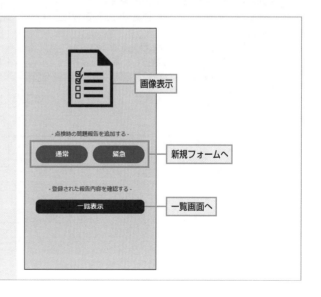

●一覧表示画面

- ・未対応の件数を表示
- ・キーワード検索／タイプや対応状況と複数条件による
  フィルター機能
- ・緊急マークの表示
- ・ステータスごとに色分け表示
- ・昇順、降順に並べ替えできるメニュー
- ・フォーム画面（新規モード）へ移動するメニュー

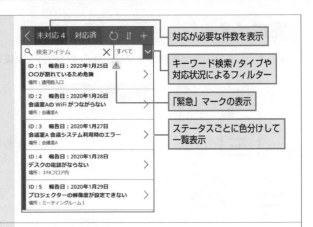

対応が必要な件数を表示

キーワード検索／タイプや
対応状況によるフィルター

「緊急」マークの表示

ステータスごとに色分けして
一覧表示

●表示画面

- ・一覧表示画面で選択された単一データの表示
- ・単一データの削除メニュー
- ・フォーム画面（編集モード）へ移動するメニュー

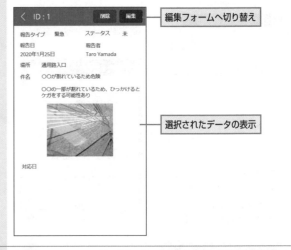

編集フォームへ切り替え

選択されたデータの表示

●フォーム画面

- ・新規モードと編集モードの切り替え
  編集時のみ入力できる列、編集時には読み取りとなる列
  を設定
- ・入力漏れがあった場合はエラーを表示
- ・カメラで撮影、もしくは選択した画像の保存
- ・ID、報告日、報告者列は新規登録時に自動的に値を設定

編集時には
編集しない項目

編集モード
編集時のみ利用する列

新規モード
一部列は非表示

●送信確認画面

・送信したデータの概要を表示
・他の画面へ移動するメニュー
・アプリを閉じるメニュー

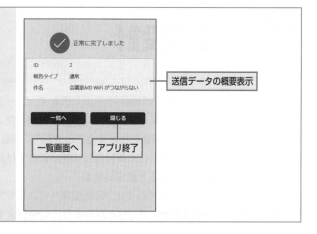

ポイント　**保存済みのアプリを Power Apps Studio で開く**

保存済みのアプリを再度 Power Apps Studio で開くには次の操作を行います。

❶
Power Apps画面を開く。

❷
［アプリ］をクリックする。

❸
編集したいアプリの［…］メニューから［編集］
をクリックする。

❹
Power Apps Studioでアプリが開く。

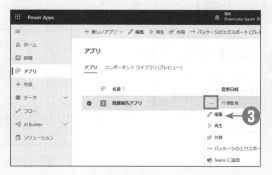

2 画面設計

　キャンバスアプリ内には複数の画面を作成できます。ユーザー操作によって画面を移動したり、データの内容や作業のタイミングに応じて表示する画面を変更することが可能です。アプリ内に含める各画面には一意な名前を付ける必要がありますが、数式内で画面を指定することや、アプリ編集を行うときのわかりやすさを考慮し、利用目的に沿ってわかりやすい画面名を付けることを推奨します。ここでは画面名の変更や、画面の追加、またアプリ開始時に利用されるスタート画面の設定方法を解説します。

　自動作成されたアプリに含まれる3つの画面をベースに変更を行います。またスタート画面と送信確認画面の2つを追加し、計5つの画面を持つアプリとなるように変更します。

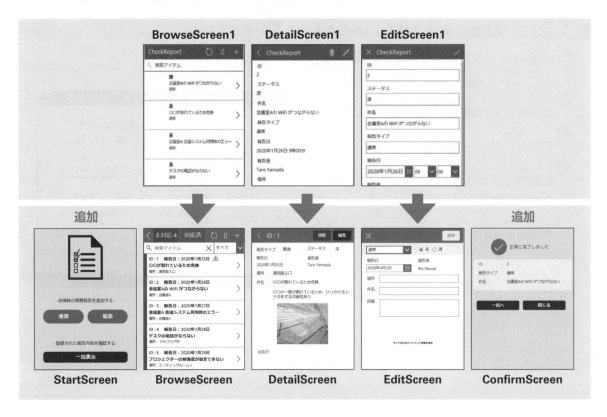

テーマの変更

　テーマはアプリ画面を統一感のある色合いにしたい場合に利用できる設定です。設定したテーマはアプリ内のすべての画面に適用されます。

❶
　[ホーム]-[テーマ]をクリックし、任意のテーマを設定する。

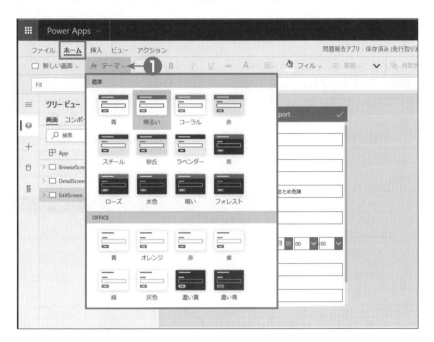

画面の名前変更

　画面やコントロールの名前はアプリ内で一意に付ける必要があります。既定で付けられた名前のままでも動作には問題ありませんが、数式内で画面やコントロールの名前を指定することがある点や、画面やコントロールの位置付けを把握しやすくなる点を考慮すると、可能な限りわかりやすい名前にするほうがいいでしょう。画面名や数式で名前を指定する可能性があるコントロールは既定の名前から変更することをおすすめします。ここでは自動で用意された3つの画面の名前を変更します。

❶
　ツリービューで各画面名をダブルクリックし、名前を次のように変更する。

既定の名前	変更後の名前
BrowseScreen1	BrowseScreen
DetailScreen1	DetailScreen
EditScreen1	EditScreen

※末尾の数字を消している。

画面の追加

画面を2つ追加します。画面の追加メニュー内には、さまざまなデザインの画面テンプレートが用意されています。

❶
[ホーム]−[新しい画面]をクリックし、[空]を選択する。

❷
新しい画面（空白）が追加されるため、名前を「StartScreen」に変更する。

❸
もう一度[ホーム]−[新しい画面]をクリックし、[成功]を選択する。

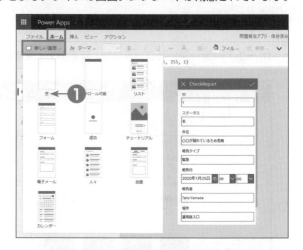

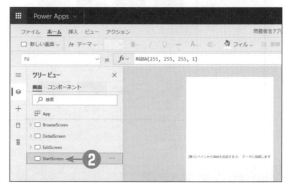

ヒント

さまざまな画面追加方法

画面を追加するには次の2つの方法があります。

●[新しい画面]メニューから追加
本文の手順で行った方法です。画面のテンプレートは、手順で利用したもの以外にも、スクロール可能なコントロールが配置済みの[スクロール可能]や、組織内のユーザー検索画面が含まれる[人々]、予定表機能が含まれる[カレンダー]など複数用意されています。

●既存画面のコピー
既存の画面をコピーできます。画面名の[…]メニューから[画面の複製]をクリックして行います。複製した場合、画面内に含まれるコントロールやプロパティに設定した数式すべてが複製されます。既存の画面に設定済みのデザインや機能を再利用したい場合に便利です。

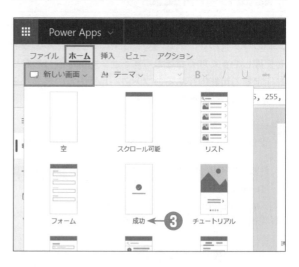

④

新しい画面（成功メッセージが含まれる）が追加されるため、名前を「ConfirmScreen」に変更する。

スタート画面の指定

　ツリービューに表示される画面一覧で、一番上に配置した画面はアプリのスタート画面として動作します。前の手順で作成したStartScreen画面をスタート画面となるよう変更します。

①

[StartScreen]の［…］メニューから［上へ移動］をクリックする。これを繰り返し、一番上まで移動する。

3　スタート画面の設定

次のような画面となるようStartScreen画面を編集します。

画面内のデザイン
- 画面の背景色を指定
- 画像を表示
- ラベルコントロールを利用して説明文を表示

画面移動を行うボタン追加
- [通常] ボタン、[緊急] ボタン
　押されたボタンの値を保持して、入力フォームを開く
- [一覧表示] ボタン
　一覧表示画面へ移動

画面内のデザイン

❶ StartScreenを開き、[ホーム]-[フィル] から任意の色を指定して背景色を設定する。
※StartScreenのFillプロパティで変更してもよい。

❷ [挿入]-[メディア] - [画像] をクリックし、画像コントロールを追加する。
※画面内に配置した画像コントロールの位置はマウス操作で任意に行える。

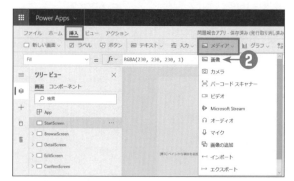

③

追加した画像コントロールをクリックして選択し、プロパティウィンドウで［画像］の［画像ファイルの追加］をクリックする。

④

エクスプローラーが開くため、表示したい画像を選択して［開く］をクリックする。

● 任意の画像を利用できる。サンプル画像を利用する場合はダウンロードファイルの［第4章］フォルダー内のtop.pngを選択する。

⑤

［挿入］−［ラベル］をクリックし、ラベルを追加する。

⑥

追加したラベルの位置を調整し、次のプロパティを設定する。

プロパティ	数式
Text	"- 点検時の問題報告を追加する -"
Align	Align.Center

※ 上記は数式バーで設定する場合の値。プロパティウィンドウで設定する場合は画面を参考にする。

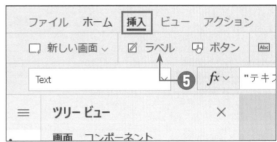

⑦

前の手順で設定したラベルをコピーし、貼り付ける。

※ ラベルを右クリックして［コピー］を選択し、右クリックして［貼り付け］を選択する。もしくは、ラベルを選択して[Ctrl]＋[C]キーおよび[Ctrl]＋[V]キーで行う。

⑧

コピーしたラベルの位置を調整し、Textプロパティを"- 登録された報告内容を確認する -"に変更する。

ポイント　**アプリ内に追加したメディア**

　手順❸～❹で画像コントロールに表示するように設定した画像ファイルは、アプリ内のメディアとして保存されています。画像やビデオ、オーディオファイルがメディアとしてアプリ内に含められます。またアプリ内のメディアは［ファイル］－［メディア］より確認できます。

ヒント

画像コントロールのImageプロパティ

手順❸～❹により、画像コントロールのImageプロパティにはアプリ内のメディア名が指定されています。

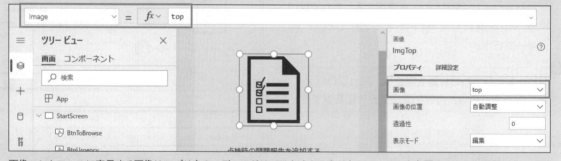

画像コントロールに表示する画像はアプリ内のメディアだけではなくクラウド上のファイルを参照することも可能です。その場合、次の画面のように数式バーでImageプロパティに "URLパス" を指定してください（下線部は実際のURLに置き換えてください）。

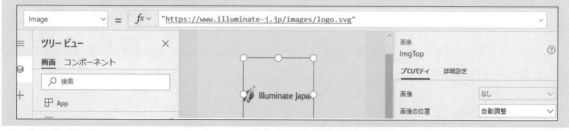

画面移動を行うボタンを追加

❶
[挿入]－[ボタン]をクリックし、ボタンを追加する。

❷
追加したボタンのサイズと位置を任意に調整する。

❸
EditScreen画面に移動できるように、ボタンのプロパティウィンドウで次のように設定する。

プロパティ	数式
テキスト	通常
境界半径	40

※プロパティウィンドウで[境界半径]を設定すると、RadiusBottomLeft、RadiusBottomRight、RadiusTopLeft、RadiusTopRightの各プロパティに反映される。

❹
追加したボタンをコピーし、Textプロパティを"緊急"に変更する。

❺
さらにボタンを追加し、Textプロパティを"一覧表示"に変更する。

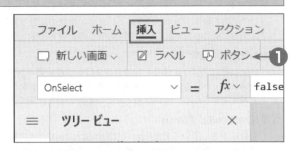

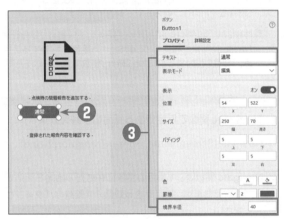

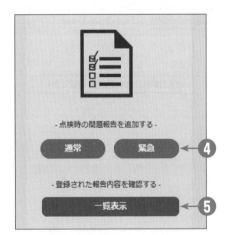

❻
配置した3つのボタンのOnSelectプロパティをそれぞれ次のように設定する。

ボタンテキスト	OnSelectプロパティ
通常	Set(type, "通常"); NewForm(EditForm1); Navigate(EditScreen);
緊急	Set(type, "緊急"); NewForm(EditForm1); Navigate(EditScreen);
一覧表示	Navigate(BrowseScreen, ScreenTransition.Fade)

ヒント

［通常］ボタンと［緊急］ボタンの **OnSelect** プロパティ

3つの関数を動作するよう設定しています。複数の関数を利用した処理を記述する場合は、関数ごとに終わりをセミコロン（;）で区切って記述します。ここでは次の3つの処理を設定しました。

● Set(type, "通常")

　Set 関数はアプリ全体で利用できるグローバル変数を設定します。ここでは「type」という名前の変数に "通常" という文字列値をセットしています。［通常］/［緊急］どちらのボタンが押されたかを保持するためです。グローバル変数はアプリ全体で利用できるため、他の画面でもこの変数の値を利用できます。

● NewForm(EditForm1)

　引数に指定している EditForm1 は EditScreen 画面内の編集フォームコントロールの名前です。NewForm 関数により編集フォームのモードを New（新規入力時）に設定しています。編集フォームコントロールは New（新規）/Edit（編集）/View（読み取り）の3つのモードで動作できます。

● Navigate(EditScreen)

　Navigate 関数を利用して EditScreen 画面に移動するよう設定しています。EditScreen 画面には編集フォームが含まれるため、画面を移動する前に NewForm 関数でフォームモードを指定しています。

ヒント

Navigate 関数で指定できる画面切り替え効果

Navigate(ScreenName, ScreenTransition.None)

Navigate 関数は、1番目の引数に移動先の画面名を指定します。また省略可能ですが、2番目の引数に画面移動時の効果が指定できます。指定できる効果には複数のパターンがあります。どのような動作となるかはぜひ動作確認を行ってみてください。

ポイント 数式バーでの数式入力

数式を入力する際には、キーボードを半角モードにして Power Apps の入力候補を利用することをおすすめします。途中まで入力すると入力候補が一覧表示されるため、矢印キーで選択して Tab キーで確定します。

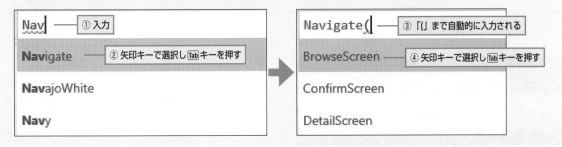

コラム 変数

Power Apps では次の3種類の変数が扱えます。

種類	利用できる範囲	関数
グローバル変数	アプリ全体で利用	Set関数
コンテキスト変数	特定の画面内で利用	UpdateContext関数
コレクション	アプリ全体で利用	Collect関数など

各変数はそれぞれ関数により定義および値の設定を行います。関数内で指定した名前の変数が存在しなければ作成され、すでに存在すれば値をセットします。グローバル変数やコンテキスト変数のデータ形式は、最初にセットされた値によって自動的に決まります。またすべての変数は、アプリの実行中のみ値が保持され、アプリ終了時にはすべての変数の値は失われます。

アプリ内の変数は、[ファイル] – [変数] から確認できます。

4　一覧表示画面のメニュー変更

一覧表示画面（BrowseScreen）の上部に表示されるメニューを変更します。

- StartScreen 画面に戻るメニューを追加
- ステータス列の値を利用してフィルターできるメニューを表示（未対応の場合は件数もあわせて表示）

スタート画面に戻るメニューを追加

❶

BrowseScreen 内に、[挿入]−[アイコン]−[左]をクリックして[左]アイコンを挿入する。

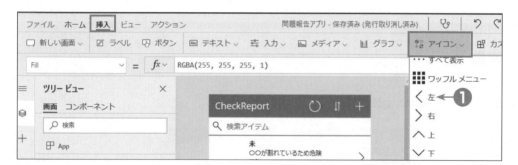

❷

挿入したアイコンと、「CheckReport」と表示されているラベルコントロールのサイズや位置を調整する。

❸

挿入したアイコンの Color プロパティを[White]に変更する。

❹

挿入したアイコンの OnSelect プロパティを次のように変更する。

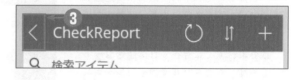

```
Navigate(StartScreen, ScreenTransition.None)
```

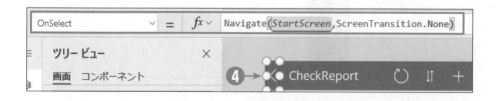

アイテム件数を表示

❶
「CheckReport」と表示されているラベルコントロールのプロパティを次のように変更する。

プロパティ	数式
Fill	DarkRed
Align	Align.Center
Width	160
Text	Concatenate("未対応 ",Text(CountRows(Filter(CheckReport, ステータス="未"))))

❷
ラベルコントロールをコピーアンドペーストして複製し、位置の調整を行う。

❸
複製して追加したラベルコントロールのプロパティを次のように変更する。

プロパティ	数式
Fill	DarkOliveGreen
Text	"対応済"

ヒント

CountRows関数

テーブル内のレコード数をカウントする関数で、結果は数値で得られます。ここではFilter関数と組み合わせて、CheckReportデータソースよりステータス列が"未"と等しいレコード数を取得しています。またその他の文字列と組み合わせてラベルコントロールに表示しています。
同様にレコード数を取得できる関数には次があります。

関数	処理
Count関数	単一列のテーブルから数値が含まれるレコード数をカウント
CountA関数	単一列のテーブルから空白ではないレコード数をカウント
CountIf関数	テーブルから論理式の結果がtrueとなるレコード数をカウント

5 ギャラリーコントロールによる一覧表示

　一覧表示画面（BrowseScreen）内のギャラリーコントロールの表示形式やフィルター設定を次のように変更しながら、ギャラリーコントロールの設定変更方法を解説します。

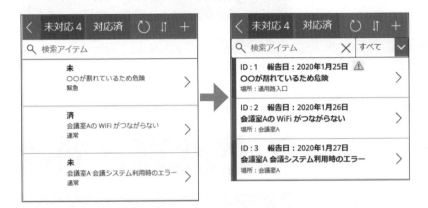

- ギャラリーコントロール内の表示形式
  表示列の変更、緊急マークの表示、ステータスごとの色分け表示
- ギャラリーコントロールに一覧するデータのフィルター設定
  文字入力による検索、ステータス列、報告タイプ列によるフィルター機能

レイアウトと表示列

ギャラリーコントロール内の各データに対するレイアウト（表示形式）を確認し、表示する列を変更します。

❶
BrowseScreen画面内のBrowseGallery1（ギャラリーコントロール）を選択し、プロパティウィンドウで［レイアウト］を［タイトル、サブタイトル、本文］に変更する。

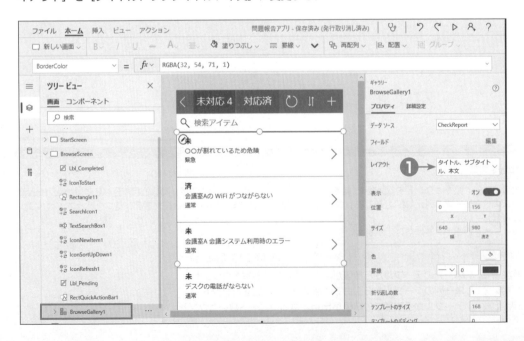

❷

[編集] をクリックして [データ] ウィンドウを開き、ギャラリーコントロールに表示する列を次のように変更する（Xはコントロール名に付く数字を表す）。

コントロール名	表示する列
BodyX	場所
SubtitleX	件名
TitleX	ID

❸

BrowseGallery1内に表示される列が変更されたことが確認できる。

表示する列の内容変更

　各データの表示内容を、次のように変更します。ギャラリーコントロールの各データに対する設定変更は1件目のデータに対して行います。

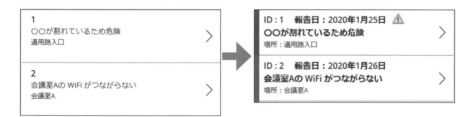

❶

1件目のTitleXコントロール（ID列を表示）を選択し、Textプロパティを次のように変更する。

```
Concatenate("ID : ", Text(ThisItem.ID), " 報告日 : ", Text(ThisItem.報告日,
DateTimeFormat.ShortDate))
```

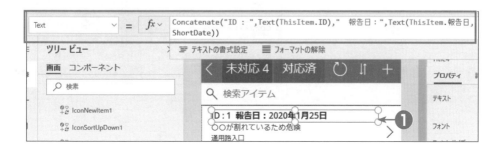

❷ SubtitleX コントロール（件名列を表示）を選択し、フォントサイズを［20］、フォントの太さを［中太字］に変更する。

❸ BodyX コントロール（場所列を表示）を選択し、Text プロパティを次のように変更する。

```
Concatenate("場所：", ThisItem.場所)
```

※文字列連結は Concatenate 関数ではなく、画面のように「&」による連結でも可。

❹ 画像コントロールを追加する
1件目全体を選択した状態で、［挿入］－［メディア］－［画像］をクリックする。

❺ 追加した画像コントロールのサイズや位置を任意に調整する。

❻ 追加した画像コントロールの Image プロパティを削除する。
※既定で「ThisItem.画像」と設定されている。

❼ 画像コントロールを選択したまま、プロパティウィンドウで［画像］の［画像ファイルの追加］をクリックする。エクスプローラーが開くため、表示したい画像を選択し、［開く］をクリックする。
●任意の画像を利用できる。サンプル画像を利用する場合はダウンロードファイルの［第4章］フォルダー内の Urgency.png を選択する。

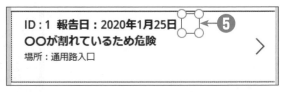

❽

画像コントロールの Visible プロパティを次のように変更する。

```
ThisItem.報告タイプ="緊急"
```

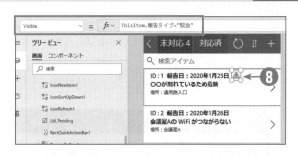

❾

データ表示の高さを調整する。

※ マウス操作で高さを調整可能。

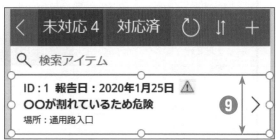

ヒント

コントロールの **Visible** プロパティ

Visible プロパティは true もしくは false を設定し、コントロールの表示/非表示設定を行います。手順❽ではギャラリーコントロール内に追加した画像に対して、報告タイプ列が "緊急" の場合のみ表示するように設定を行いました。指定した数式の結果は true もしくは false となります。

ステータスによる色変更

ステータス列の値によって、色が異なるバーが表示されるように設定します。

❶

ラベルを追加する

1件目全体を選択した状態で、[挿入]−[ラベル] をクリックする。

❷

追加したラベルコントロールの Text プロパティを空白に変更する。

❸

マウス操作でラベルコントロールの位置とサイズを画面のように変更する。

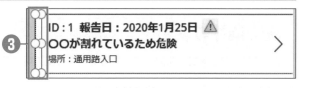

④

追加したラベルコントロールの Fill プロパティを次のように変更する。

```
If(ThisItem.ステータス="未", DarkRed, DarkOliveGreen)
```

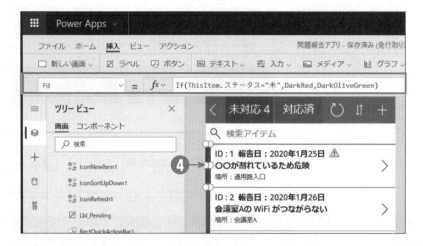

各コントロールのスタイルに関するプロパティ

各コントロールのスタイルに関するプロパティには次の内容があります。

- ・X、Y ——————— コントロールの水平位置、垂直位置
- ・Width、Height ——— コントロールの幅、高さ
- ・Color ———————— コントロールのフォントの色
- ・Fill ————————— コントロールの背景色
- ・BorderColor ———— コントロールの境界線の色
- ・BorderStyle ———— コントロールの境界線スタイル（実線、破線、点線、なし）
- ・BorderThickness ——— コントロールの境界線の太さ

上記以外にもコントロールが無効状態の際のスタイルを指定するプロパティ（DisabledBorderColor、DisabledColor、DisabledFill）や、マウスホバー時（HoverBorderColor、HoverColor、HoverFill）、クリック時（PressedBorderColor、PressedColor、PressedFill）のスタイルを指定するプロパティもあります。

検索条件の変更

ギャラリーコントロール内に表示するデータ一覧に対するフィルター動作を変更します。

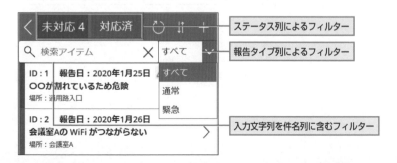

ドロップダウンを追加

❶ 検索ボックスとして利用しているTextSearchBox1コントロールの横幅を狭くする。

※マウス操作で行うか、もしくはWidthプロパティの値を450に変更。

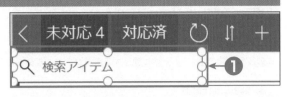

❷ BrowseScreen内に［挿入］－［入力］－［ドロップダウン］をクリックしてドロップダウンを挿入する。

❸ 挿入したドロップダウンの位置やサイズを任意に調整する。

❹ 挿入したドロップダウンの名前を「ddType」に変更する。

※コントロール名の変更はツリービューだけではなく、画面のようにプロパティウィンドウで行うことも可能。

❺ ドロップダウンの項目を指定する

ddTypeコントロールのItemsプロパティを次のように変更する。

```
Table({Value:"", SelectValue:"すべて"}, {Value:"通常", SelectValue:"通常"},
{Value:"緊急", SelectValue:"緊急"})
```

❻ ddTypeコントロールの［Value］を［SelectValue］に変更する。

ドロップダウンのItemsプロパティ

ドロップダウンの項目は「すべて」、「通常」、「緊急」の3つが表示されるよう設定しました。「すべて」を選択した場合、Valueは"空白"となり、それ以外は選択した文字と同じ値がValueとなります。ドロップダウンで選択された項目のValue値は、この後の手順でギャラリー内に表示するデータのフィルター値として利用します。

編集時の動作確認

アプリ編集中に動作の確認を行う場合はプレビュー機能を利用しますが、特定のコントロールの動作のみを確認したい場合など、ちょっとした動作確認では編集画面で直接テストすることもできます。Alt キーを押しながらドロップダウンを展開してみると、プレビューしなくてもドロップダウン内の項目が確認できます。

ステータスによるフィルター機能を追加

❶
画面上部の2つのラベルのOnSelectプロパティをそれぞれ次のように設定する。

ラベル	OnSelectプロパティ
未対応(件数)	UpdateContext({selectStatus:"未"})
対応済	UpdateContext({selectStatus:"済"})

❷
BrowseScreenのOnVisibleプロパティを次のように設定する。

```
UpdateContext({selectStatus:""})
```

ヒント

設定内容について

上部の2つのラベルをそれぞれ押したときの動作として、UpdateContext関数を利用してselectStatus変数に"未"もしくは"済"と値を設定しています。selectStatus変数の値は、この後の手順でギャラリー内に表示するデータのフィルター値として利用します。またBrowseScreen画面が開かれたときにselectStatus変数の値を空白にするため、BrowseScreenのOnVisibleプロパティを設定しています。

UpdateContext関数によって設定した変数はコンテキスト変数とよばれ、その画面内でのみ利用可能な値です。「UpdateContext({変数名:値})」の形式で利用します。ここでは他の画面では利用しない値を保持するためにコンテキスト変数を利用しています。他の画面でも利用する値を格納する際はSet関数によりグローバル変数を利用します。

ギャラリーの Items プロパティを変更

❶

BrowseGallery1（ギャラリーコントロール）のItems プロパティを次のように変更する。

```
SortByColumns(Filter(CheckReport,
TextSearchBox1.Text in 件名,
ddType.Selected.Value in 報告タイプ,
selectStatus in ステータス), "ID",
If(SortDescending1, Descending,
Ascending))
```

●次のフィルター条件を指定
・検索ボックス内の文字が件名列に含まれる
・ドロップダウンの選択Valueが報告タイプ列に含まれる
・上部ラベルクリック時のステータス

```
SortByColumns(
    Filter(
        CheckReport,
        TextSearchBox1.Text in 件名,
        ddType.Selected.Value in 報告タイプ,
        selectStatus in ステータス
    ),
    "ID",                ❶
    If(
        SortDescending1,
        Descending,
        Ascending
    )
)
```

フィルターをクリア

❶

BrowseScreen画面内に[挿入]－[アイコン]－[キャンセル]をクリックして[キャンセル]アイコンを挿入する。

❷

挿入したアイコンの位置やサイズを調整する。

❸

挿入したアイコンのOnSelectプロパティを次のように変更する。

```
Reset(TextSearchBox1);UpdateContext({selectStatus:""})
```

6 表示フォームの設定

表示画面（DetailScreen）を次のように変更します。

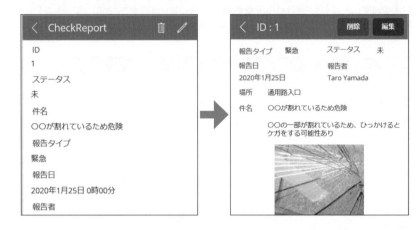

- 表示フォームの設定方法
- 上部バー内の削除と編集を行うアイコンをボタンに変更

表示フォームのデザインを変更

ギャラリーコントロール内の各データに対するレイアウト（表示形式）を確認し、表示する列を変更します。

①

DetailScreen画面内のDetailForm1（表示フォームコントロール）を選択し、プロパティウィンドウで［列］を［2］に変更する。

▶表示フォームが2列表示に変更される。

②

［フィールドの編集］をクリックして、フィールドウィンドウを開く。

ヒント

表示フォームとカードコントロール

表示フォーム内に表示する列はフィールドウィンドウで指定します。フィールドウィンドウに追加した列は1列に対して1つのカードコントロールとなり、表示フォーム内に配置されます。

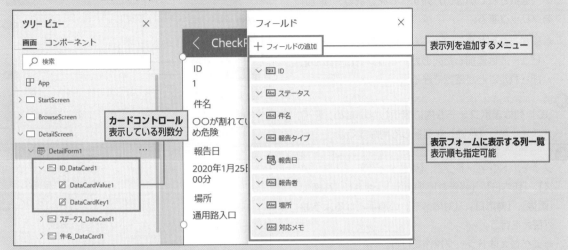

各カードコントロールには列名を表示するラベルと、列値を表示するラベルが定義されています。

またカードコントロールは既定でロックされています。カード内の内容編集を行う場合にはまずロックの解除が必要です。

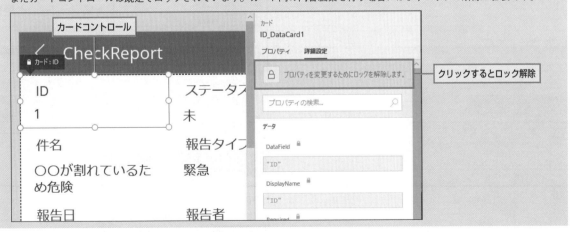

3

フィールドウィンドウで、[フィールドの追加] をクリックし、既定では表示フォームに表示されていない（選択されていない）列すべてを選択し、[追加] をクリックする。

➡追加した列が表示フォーム内に表示され、ツリービューでは追加した列のカードコントロールが追加されたことが確認できる。

4

[ID] 列は表示フォーム内に表示しないため、[…] メニューから [削除] を選択して削除する。

5

フィールドウィンドウで、[報告タイプ]、[ステータス]、[報告日]、[報告者]、[場所]、[件名]、[詳細]、[画像]、[対応日]、[対応メモ] の順番となるよう並べ替えを行う。

※並べ替えはドラッグ操作で行う。

6

[場所] カードをマウス操作で横幅を広げて1列表示に変更する。

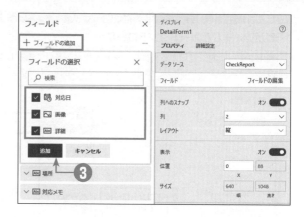

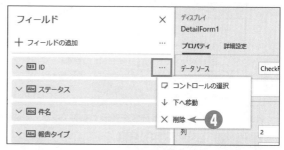

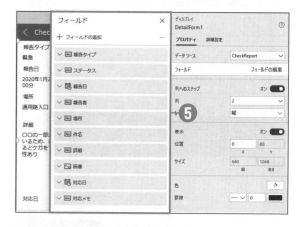

❼

手順❻と同様に、［件名］、［詳細］、［画像］、［対応日］、［対応メモ］カードの横幅も1列に変更する。
※上から順番に横幅を広げると、自動的に次のカードの表示位置が調整される。

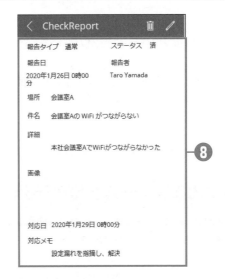

❽

カード内のコントロールをマウスで位置を変更し、画面のような表示に変更する。
※画面では列値を表示するラベルを、列名ラベルの右に移動などを行っている。任意に表示レイアウトを整える。

❾

報告日の日付の表示形式を変更する

［報告日］カードを選択し、［詳細設定］−［プロパティを変更するためにロックを解除します］をクリックしてカードのロックを解除する。

❿

［報告日］カードの Default プロパティを次のように変更する。
※入力した数式は画面のように省略表示される。

```
Text(ThisItem.報告日, DateTimeFormat.
ShortDate)
```

➡日付の表示形式が変更される。

⓫

手順❾〜❿と同様に、対応日の日付の表示形式を設定する。

```
Text(ThisItem.対応日, DateTimeFormat.
ShortDate)
```

⓬

画像カード内の列名ラベルを削除する

画像のカードを選択し、［詳細設定］−［プロパティを変更するためにロックを解除します］をクリックしてカードのロックを解除する。

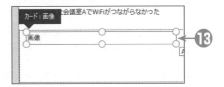

⓭

［画像］カード内の列名ラベルを選択し、Deleteキーを押して削除する。

⓮

列名ラベルを削除すると表示されるエラーアイコンをクリックし、［数式バーで編集］をクリックする。

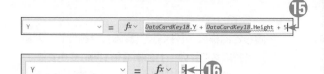

⑮

エラーとなっているプロパティが数式バーに表示される。

※数式バー内をマウスでポイントして表示される赤の下線部がエラーを示す。画面では削除したラベルの値を利用しているためエラーとなっている。

⑯

エラーの原因となる内容を削除し、数式を修正する。

ラベルによるフィールド値の表示

表示フォームは単一レコードを表示するための便利なコントロールですが、選択されたレコードの内容を表示する方法は他にもあります。ここではラベルコントロールを利用して、選択されたレコードのフィールド値を表示する方法を説明します。

❶

「CheckReport」と表示されているラベルの Text プロパティを次のように変更する。

```
Concatenate("ID : ", Text(BrowseGallery1.Selected.ID))
```

※BrowseGallery1 で選択されたレコードの ID 列を指定し、その他の文字列と連結。

表示画面のメニューを変更

表示画面のメニュー（アイコン）の OnSelect プロパティには、すでに次の設定が含まれています。

アイコン	設定
	`Navigate(BrowseScreen, ScreenTransition.None)` **Navigate関数**を利用し、BrowseScreen 画面に移動する。

	`Remove(CheckReport, BrowseGallery1.Selected); If(IsEmpty(Errors`
	`(CheckReport, BrowseGallery1.Selected)), Back())`
	Remove関数を利用し、データを削除する。第1引数に対象データソース、第2引数に該当データを指定する。ここでは第1引数に CheckReport データソース、第2引数に BrowseGallery1（ギャラリー）で選択されたデータを指定している。
	その後該当アイテムの削除にエラーが発生していないことを確認し、**Back関数**で、1つ手前の画面に移動している。

	`EditForm(EditForm1);Navigate(EditScreen, ScreenTransition.None)` **EditForm関数**を利用し、引数に指定したフォームを編集モードに設定する。その後、編集画面に移動している。

ヒント

Remove関数とRemoveIf関数

単一もしくは複数データの削除をデータソースに対して行える関数です。次のように利用できます。

●ID列が10に等しいアイテムと、ID列が11に等しいアイテムの2件を削除

```
Remove(データソース名, First(Filter(データソース名, ID=10)), First(Filter(データソース名, ID=11)))
```

●ID列が10以下の複数アイテムを削除

```
RemoveIf(データソース名, ID < 10)
```

●全アイテムを削除

```
RemoveIf(データソース名, true)
```

表示画面のメニューの機能は変更しません。削除と編集を行うアイコンをボタンに変更します。

❶
DetailScreen内にボタンを2つ追加し、サイズや色、Textプロパティを任意に設定する。
●削除用と編集用の2つのボタンを追加する。

手順❶まで行った結果

❷
既定の削除アイコンのOnSelectプロパティの数式を、削除用ボタンのOnSelectプロパティにコピーする。同様に、既定の編集アイコンのOnSelectプロパティの数式を、編集用ボタンのOnSelectプロパティにコピーする。

❸
既定の削除アイコンと編集アイコンを削除する。

7 編集フォームの設定

編集画面（EditScreen）の内容を次のように変更します。

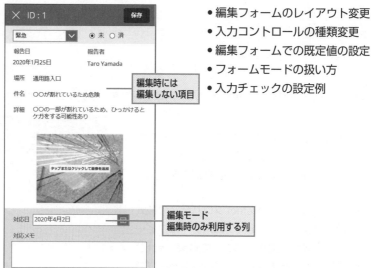

- 編集フォームのレイアウト変更
- 入力コントロールの種類変更
- 編集フォームでの既定値の設定
- フォームモードの扱い方
- 入力チェックの設定例

編集フォームのデザインを変更

　編集フォームは、データソースの内容を追加・編集する際に利用するコントロールです。すでにEditScreen画面内に配置されている編集フォームの内容を変更します。

1

　EditScreen画面内のEditForm1（編集フォームコントロール）を選択し、プロパティウィンドウで［列］を［2］に変更する。

　➡編集フォームが2列表示に変更される。

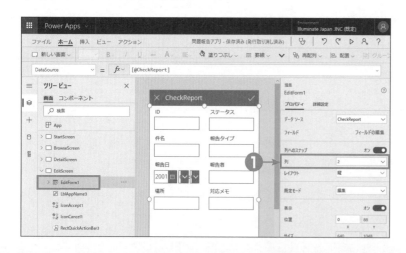

❷

[フィールドの編集]をクリックして、フィールドウィンドウを開く。

❸

フィールドウィンドウで、[フィールドの追加]をクリックし、既定では編集フォームに表示されていない（選択されていない）列すべてを選択し、[追加]をクリックする。

▶ 追加した列が編集フォーム内に表示される。

❹

フィールドウィンドウで、[報告タイプ]、[ステータス]、[報告日]、[報告者]、[場所]、[件名]、[詳細]、[画像]、[対応日]、[対応メモ]、[ID]の順番となるよう並べ替えを行う。

※並べ替えはドラッグ操作で行う。

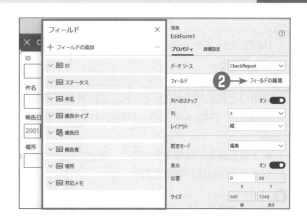

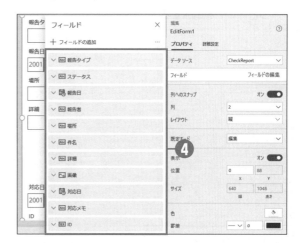

5
[場所]カードをマウス操作で横幅を広げて1列表示に変更する。

6
手順**5**と同様の操作で、[件名]、[詳細]、[画像]、[対応日]、[対応メモ]カードの横幅も1列に変更する。

※上から順番に横幅を広げると、自動的に次のカードの表示位置が調整される。

7
カード内のコントロールをマウスで位置を変更し、画面のような表示に変更する。

※画面では、カード内の各コントロールのX、Y、Width、Height、Sizeの各プロパティを変更している。

8
報告日の時刻入力を削除する

[報告日]カードを選択し、[詳細設定]-[プロパティを変更するためにロックを解除します]をクリックしてカードのロックを解除する。

9
[報告日]カード内の時刻を入力するコントロール2つと「：」を削除する。

手順**9**で削除

⑩

エラーとなっている［報告日］カードのUpdateプロパティを次のように編集する。

```
DateValue1.SelectedDate
```

※下線部の数字は異なる場合がある。
※他にもエラーがある場合はエラーとなっている数式を修正する。

⑪

対応日の時刻入力を削除する
手順❽〜⑩を参考に、対応日の時刻入力を削除する。

⑫

画像カード内の列名ラベルを削除する
［画像］カードを選択し、［詳細設定］－［プロパティを変更するためにロックを解除します］をクリックしてカードのロックを解除する。

⑬

［画像］カード内の列名ラベルを選択し、Deleteキーを押して削除する。

⑭

列名ラベルを削除すると表示されるエラーを修正する。

ヒント

編集フォームとカードコントロール

編集フォーム内に表示する列はフィールドウィンドウで指定します。フィールドウィンドウに追加した列は1列に対して1つのカードコントロールとなり、編集フォーム内に配置されます。

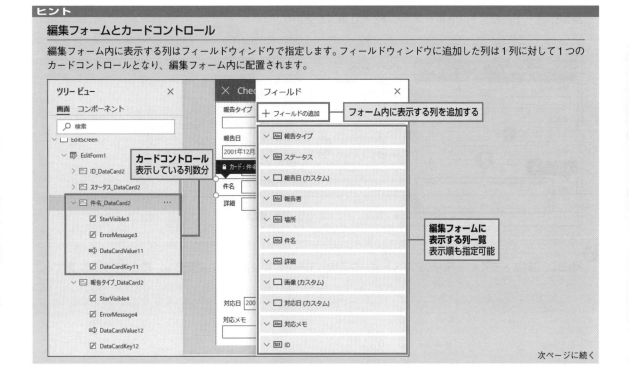

次ページに続く

このしくみは表示フォームと同様です。またカードは既定で
ロックされている点や、カード内の内容編集を行う場合には
ロック解除が必要な点も、表示フォームと同様です。
編集フォーム内の各カードコントロールには、列のデータ型
により異なることもありますが、基本的に次の内容が含まれ
ます。

・必須表示を行うラベル（StarVisibleX）
・列名を表示するラベル（DataCardKeyX）
・入力コントロール（DataCardValueX）
・エラーを表示するラベル（ErrorMessageX）

入力コントロールの変更

各カード内に含まれるテキストボックスなどの入力コントロールに対して、次の設定変更を行います。

列	変更点
詳細、対応メモ	複数行の入力を可能に
報告タイプ	ドロップダウンに変更
ステータス	ラジオボタンに変更

複数行のテキストボックスに変更

❶
［詳細］カード内のテキストボックスの［モード］を［複数行］に変更する。

❷
［詳細］カード内のテキストボックスの高さを任意に変更する。

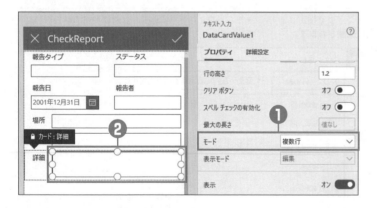

❸
同様に、［対応メモ］カード内のテキストボックスの［モード］を［複数行］に変更し、高さを任意に変更する。

テキストボックスをドロップダウンに変更

❶

報告タイプをドロップダウンに変更する
[フィールドの編集] をクリックして、フィールド
ウィンドウを開く。

❷

フィールドウィンドウで、[報告タイプ] 列の […]
メニューを開き、コントロールの種類を [許可値]
に変更する。

❸

報告タイプの入力コントロールがドロップダウンに
変更されたことが確認できる。

❹

ドロップダウンの項目を指定する
[報告タイプ] カードを選択し、[詳細設定]-[プロ
パティを変更するためにロックを解除します] をク
リックしてカードのロックを解除する。

❺

ドロップダウンの Items プロパティを次のように設
定する。

　　["通常", "緊急"]

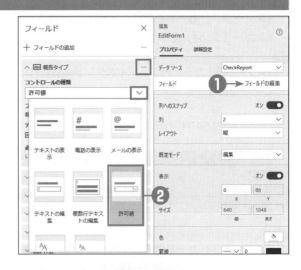

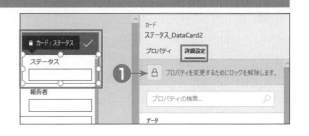

テキストボックスをラジオボタンに変更

❶

ステータスをラジオボタンに変更する
[ステータス] カードを選択し、[詳細設定]-[プロ
パティを変更するためにロックを解除します] をク
リックしてカードのロックを解除する。

②

[ステータス]カードを選択した状態で、[挿入]−
[入力]−[ラジオ]をクリックする。

③

[ステータス]カード内にラジオボタンが追加された
ことが確認できる。

④

ラジオボタンのプロパティを次のように設定する。

プロパティ	値
Items	["未", "済"]
Layout	Layout.Horizontal
RadioSize	40

⑤

[ステータス]カード内のテキストボックスを削除
し、ラジオボタンの位置を任意に整える。

⑥

エラーを修正するために、[ステータス]カードの
Update プロパティを次のように修正する。

プロパティ	値
Update	Radio1.Selected.Value

※ErrorMessageXのYプロパティのエラーは任意
　に修正する。

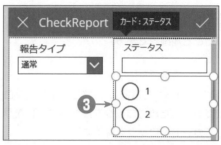

ヒント

カードのUpdateプロパティ

カードのUpdateプロパティは、編集フォームがSubmitForm関数で送信されたときに、対象の列に対して送信する値を指定します。既定でカード内に配置されていたテキストボックスのTextプロパティが設定されています。そのため既定ではカード内のテキストボックスの入力値が送信されます。手順ではカード内のテキストボックスを削除したため、Updateプロパティをラジオボタンの選択値となるよう変更を行いました。

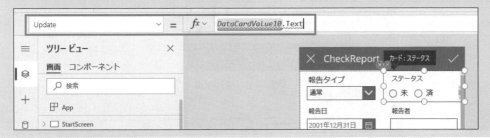

フォームモードによる切り替え

　編集フォームはフォームモードがNew、Edit、Viewと3つありますが、EditForm1ではNewとEditを利用します。フォームモードに応じて入力内容が切り替わる設定を次のように行います。

列	New（新規入力時）	Edit（編集時）	
報告日	入力可能	読み取り	
報告者	読み取り	読み取り	入力コントロールのDisplayModeプロパティを利用して設定
場所	入力可能	読み取り	
件名	入力可能	読み取り	
詳細	入力可能	読み取り	
対応日	非表示	入力可能	カードのVisibleプロパティを利用して設定
対応メモ	非表示	入力可能	

入力 / 読み取りの切り替え設定

❶ ［報告者］カードのロックを解除し、カード内のテキストボックスのDisplayModeプロパティを次のように設定する。

```
View
```

※カードではなく、カード内のテキストボックスに対する設定。

❷ [報告日] カード内の日付選択コントロールの DisplayMode プロパティを次のように設定する。

```
If(EditForm1.Mode=FormMode.New, Edit, View)
```

ヒント

コントロールの DisplayMode プロパティに行った設定

```
If(EditForm1.Mode=FormMode.New, Edit, View)
```

編集フォームのフォームモードが New に等しい場合は Edit、New に等しくない場合は View（読み取り）となるように数式を指定しました。
ここで行った設定内容をプレビューで確認したい場合、BrowseScreen画面を開いた状態でプレビューを行い、BrowseScreen画面より編集フォーム（フォームモード New）を開いたり、表示画面から編集フォーム（フォームモード Edit）を開くことで確認できます。

---

❸ 次のコントロールに対して、手順❷と同様に
DisplayMode プロパティを指定する。
● [場所] カード内のテキストボックス
● [件名] カード内のテキストボックス
● [詳細] カード内のテキストボックス
※ カードのロック解除が必要。

DisplayModeプロパティ

カード内の入力コントロールに対してDisplayMode
プロパティを設定しました。変更前（既定）のDisplay
ModeプロパティはParent.DisplayModeです。これは
親コントロールのDisplayModeプロパティの値とい
うことです。カード内の入力コントロールの親となるコ
ントロールはカードです。

ではカードのDisplayModeプロパティはどうでしょう
か。同じくParent.DisplayModeです。そしてカードの
親となるコントロールは編集フォームです。編集
フォームのDisplayModeプロパティはフォームモード
です。NewForm関数やEditForm関数を利用してNew
（新規）もしくはEdit（編集）と設定されます。手順で
はフォームモードによって入力コントロールが読み取
りとなるように設定を行いました。

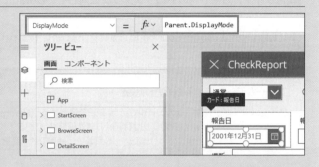

表示 / 非表示の切り替え設定

①

[対応日] カードのVisibleプロパティを次のように設定する。

```
EditForm1.Mode=FormMode.Edit
```

※ここでは入力コントロールではなく、カードに対する設定。

②

[対応メモ] カードのロックを解除し、カードのVisibleプロパティを同様に設定する。

```
EditForm1.Mode=FormMode.Edit
```

カードのVisibleプロパティに対する設定

カード全体がフォームモードによって表示/非表示が切り替わるよう、カードのVisibleプロパティを利用して設定を行いまし
た。Visibleプロパティはtrue/falseで設定を行うため、編集フォームのフォームモードがEdit（編集）のみ表示するよう数式
を設定しています。

既定値の設定

列の既定値を次のように設定します。

列	設定したい既定値
報告タイプ	スタート画面で押されたボタンの値
ステータス	編集時は既存の値
報告日	新規入力時のToday
報告者	アプリ利用者の名前

❶ ［報告タイプ］カード内のドロップダウンに対して、Defaultプロパティを次のように設定する。

```
If(EditForm1.Mode=FormMode.Edit, Parent.Default, type)
```

ヒント

フォームモードによる既定値の設定

フォームモードが Edit（編集）： 現在の値を既定値とする（Parent.DefaultはThisItem.報告タイプ）
　　　　　　　　　New（新規）： 変数typeの値を既定値とする
　　　　　　　　　　　　　　　（スタート画面で［通常］／［緊急］ボタンを押したときにtype変数の値を設定）

❷ ［ステータス］カード内のラジオに対して、Defaultプロパティを次のように設定する。

```
If(EditForm1.Mode=FormMode.Edit, Parent.Default, "未")
```

❸ ［報告日］カード内の日付の選択に対して、DefaultDateプロパティを次のように設定する。

```
If(EditForm1.Mode=FormMode.Edit, Parent.Default, Today())
```

❹ ［報告者］カード内のテキストボックスに対して、Defaultプロパティを次のように設定する。

```
If(EditForm1.Mode=FormMode.Edit, Parent.Default, User().FullName)
```

ヒント

User関数

User関数はアプリ利用者のユーザー情報が取得できます。User().FullNameでアプリ利用者の名前を取得しています。

ラベルによるフィールド値の表示

❶ 「CheckReport」と表示されているラベルのTextプロパティを次のように変更する。

```
If(EditForm1.Mode=FormMode.Edit, "ID : "&BrowseGallery1.Selected.ID)
```

※BrowseGallery1で選択されたレコードのID列を指定し、その他文字列と連結した値を、フォームモードが
　Editのときのみ表示。

保存動作の設定

　保存ボタンを設定します。場所と件名は必須入力項目とし、入力されていない場合はコントロールの背景色を変更し、また保存ボタンを押せない状態にします。

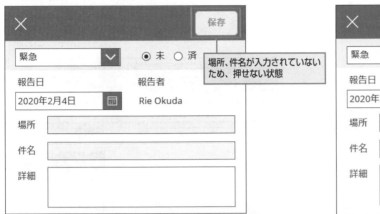

場所、件名が入力されていないため、押せない状態

テキストボックスの背景色の設定

❶
　[場所] カード内のテキストボックスのコントロール名を「txtPlace」に変更する。

❷
　txtPlaceテキストボックスのFillプロパティを次のように変更する。

```
If(IsBlank(txtPlace.Text), Yellow,
White)
```

❸
　[件名] カード内のテキストボックスのコントロール名を「txtTitle」に変更する。

❹
　txtTitleテキストボックスのFillプロパティを次のように変更する。

```
If(IsBlank(txtTitle.Text), Yellow,
White)
```

各メニューの設定

①

上部の［×］アイコンの OnSelect プロパティを次のように変更する。

```
ResetForm(EditForm1); Navigate(BrowseScreen, ScreenTransition.None)
```

※ Back 関数を Navigate 関数に変更。

②

［✓］アイコンを削除する。

③

アイコンを削除すると、上部バーのラベルの Width プロパティにエラーが表示されるため、修正する。
※ Width プロパティに任意の数値を指定。

④

ボタンを1つ追加し、サイズや色を任意に設定する。
また Text プロパティを "保存" に設定する。

⑤

追加した［保存］ボタンの DisplayMode プロパティを次のように設定する。

```
If(And(!IsBlank(txtTitle.Text), !IsBlank(txtPlace.Text)), Edit, Disabled)
```

⑥

［保存］ボタンの OnSelect プロパティを次のように設定する。

```
If(EditForm1.Mode=FormMode.New,
    Refresh(CheckReport); UpdateContext({id: Max(CheckReport, ID)+1});
);
SubmitForm(EditForm1);
```

⑦

［ID］カードのロックを解除し、カードの Update プロパティを次のように設定する。

```
If(EditForm1.Mode=FormMode.Edit,ThisItem.ID,id)
```

❽

[ID] カードの Visible プロパティを false に設定する。

❾

EditForm1 の OnSuccess プロパティを次のように変更する。

```
Refresh(CheckReport); Navigate(ConfirmScreen, ScreenTransition.None)
```

ヒント

[保存] ボタンを押したときの動作

● **フォームモードが New の場合のみ実行（If 関数で制御）**
Refresh(CheckReport)：データソースを最新に更新
UpdateContext({id: Max(CheckReport, ID)+1})：データソース内 ID 列の最大値に 1 を追加した値をコンテキスト変数 id にセット

● **常に実行**
SubmitForm 関数で編集フォームの内容を送信
保存が完了したら ConfirmScreen 画面へ移動するよう、EditForm1（編集フォーム）の OnSuccess プロパティを設定

[ID] 列に対する値の設定

[ID] カードの Update プロパティに、フォームモードが編集の場合は既存の値、新規の場合は変数 id の値を指定します。また [ID] カードは Visible プロパティを false とすることで非表示に設定しています。

ヒント

入力コントロール

キャンバスアプリで入力に利用できるコントロールは複数用意されています。これらのコントロールは、[挿入] メニューの [テキスト] もしくは [入力] より画面内に配置するか、もしくは編集フォームコントロールを利用した場合は、カード内で利用します。

8 確認画面の設定

編集画面（EditScreen）で［保存］をクリックし、SubmitForm関数により編集フォームの内容が送信されたら、確認画面（ConfirmScreen）に移動します。確認画面の内容を次のように変更します。

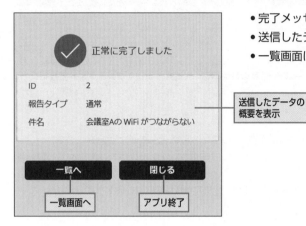

- 完了メッセージを表示
- 送信したデータの概要（ID、報告タイプ、件名）を表示
- 一覧画面に戻るボタン、アプリを終了するボタンを配置

❶
ConfirmScreen画面を開き、画面のFillプロパティ（背景色）を、他の画面にあわせた色など任意の色に変更する。
※Fillプロパティはプロパティウィンドウでは［フィル］と表示。

❷
画面テンプレートにより配置されているラベルとアイコン2つの位置を調整する。

③

ボタンを2つ追加し、それぞれのプロパティを次のように設定する。

	プロパティ	値
1	Text	"一覧へ"
	OnSelect	Navigate(BrowseScreen, ScreenTransition.None)
2	Text	"閉じる"
	OnSelect	Exit()

④

[挿入]−[フォーム]−[ディスプレイ] をクリックし、画面内に表示フォームを追加する。

⑤

配置した表示フォームのサイズや位置を任意に調整する。

※画面ではあわせて背景色、罫線も変更している。

⑥

表示フォームのデータソースをCheckReportに設定する。

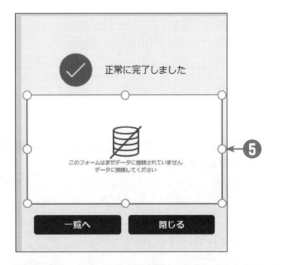

⑦ 表示フォームのItemプロパティを次のように設定
する。

```
EditForm1.LastSubmit
```

⑧ ［フィールドの編集］をクリックしてフィールドウィ
ンドウを開き、表示フォーム内の内容（表示する列
など）を任意に設定する。

※画面では［フィールドの追加］から［ID］、［報告
タイプ］、［件名］列を表示している。

アプリ終了時に確認メッセージを表示する

手順では［閉じる］ボタンのOnSelectプロパティにExit関数を利用し、アプリを終了する動作を設定しています。アプリ終
了時に、次のような確認メッセージを表示させたい場合はアプリのプロパティで設定を行います（下線部は実際の値に置き換
えてください）。

・ConfirmExit プロパティ：true
・ConfirmExitMessage プロパティ："任意のメッセージ"

※ 確認メッセージの動作はプレビューでは確認できません。

9 カメラと画像保存

編集フォーム内の［画像］列は画像ファイルを保存できるよう、画像の追加コントロールが利用されています。モバイル端末とPCとアプリを利用する端末により異なりますが、次のように動作します。

● モバイルの場合

画像の追加コントロールをタップすると、写真を撮るかフォトライブラリを開くか選択できるメニューが表示されます。写真を撮る場合、端末のカメラが起動し、撮影後は撮影した写真が編集フォーム内に表示されます。

● PCの場合

画像の追加コントロールをクリックすると、エクスプローラーが開き保存する画像ファイルを選択できます。

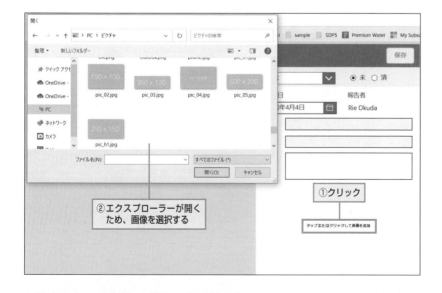

Excelデータ内の画像ファイルの保存先

アプリのデータソースはここではExcelとしています。画像ファイルがどこに保存されたか確認してみましょう。ExcelをデータソースとするExcelをデータソースとする場合、**列名[image]** とすることで画像ファイルが保存できる列となります。

データソースとなるExcelファイルが保存されているクラウドストレージでは、Excelファイルと同じフォルダー内に［Excelファイル名_images］というフォルダーが自動的に作成されます。アプリから保存した画像は、このフォルダー内に保存され、データソースのExcelテーブルの該当する列には画像ファイルのパスが格納されます。

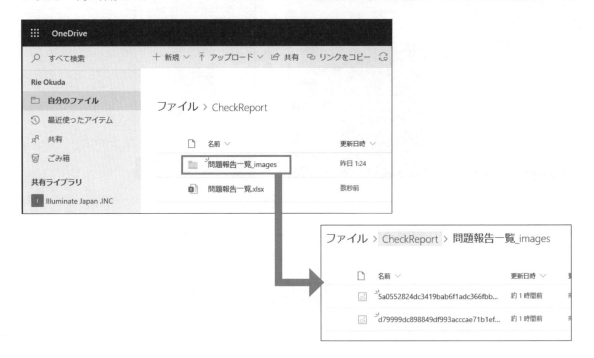

10 メール送信機能

Office 365 Outlookコネクタやメールコネクタを利用すると、アプリ内でメール送信機能をもうけられます。

Office 365 Outlookコネクタの場合は、アプリの利用者からメールが送信されます。ここではこれを利用して、アプリ内にメールを送信する機能を追加します。

新規保存時に、入力内容をメールで送信するようにアプリに設定を追加します。また画像列に画像が保存された場合は、画像をメールの添付ファイルとして送信します。

❶

データソース一覧を開く。

❷

コネクタの一覧を展開し、[Office 365 Outlook] をクリックして、さらに［Office 365 Outlook（自分のメールアドレスが表示）］をクリックする。

③ アプリ内に接続が追加されたことが確認できる。

④ ツリービューに戻る。

⑤ EditScreen を開き、EditForm1内の［詳細］カードのテキストボックスの名前を「txtDetail」に変更する。

⑥ ［画像］カードの画像コントロールの名前を確認し、「Image1」ではない場合は「Image1」に変更する。

❼

EditScreen内の［保存］ボタンのOnSelectプロパティを次のように変更する。

```
If(EditForm1.Mode=FormMode.New,
  Refresh(CheckReport);
  UpdateContext({id:Max(CheckReport, ID)+1});
  If(IsBlank(AddPicture1.Media),
    Office365Outlook.SendEmailV2("送信先メールアドレス", "[問題報告]:"&
    txtTitle.Text, "以下報告内容です。</br>"&txtDetail.Text),
    Office365Outlook.SendEmailV2("送信先メールアドレス", "[問題報告]:"&
    txtTitle.Text, "以下報告内容です。</br>"&txtDetail.Text,
    {Attachments:Table({Name:"image.jpg", ContentBytes:Image1.Image,
    '@odata.type':""})})
  );
);
SubmitForm(EditForm1);
```

※ 色文字部分を追加する。下線部は実際の値に置き換える。

❽

設定後、アプリを上書き保存する。

ヒント

Office 365 Outlook コネクタのメール送信について

画像列に写真が含まれるかどうかを検証し、添付ファイルがある場合とない場合のメール送信機能を追加しています。

●添付ファイルがない場合

```
Office365Outlook.SendEmailV2(送信先メールアドレス, 件名, 本文)
```

●添付ファイルがある場合

```
Office365Outlook.SendEmailV2(送信先メールアドレス, 件名, 本文, {Attachments:Table({Name:"添付ファイ
ル名", ContentBytes:画像, '@odata.type':""})})
```

関数一覧

Power Apps のキャンバスアプリでは、数式を利用してさまざまな動作を設定します。数式で利用できる関数の一覧を次に示します。

カテゴリー	関数	概要
画面操作	Back	1つ前の画面に戻る。
	Navigate	指定した画面へ移動する。
アプリ内操作	Download	ファイルをダウンロードする。
	Exit	アプリを終了する。
	Launch	Webページもしくはアプリを起動する。
	Notify	バナーメッセージを表示する。
	Param	アプリに渡されたパラメーターを取得する。
	User	現在のユーザーに関する情報を取得する。
	Language	現在のユーザーの言語タグを取得する。
ローカルデバイス	LoadData	ローカルデバイスのストレージからコレクションを読み込む。
	SaveData	コレクションをローカルデバイスのストレージに保存する。
コントロール操作	EditForm	編集フォームコントロールのモードを FormMode.Edit に設定する。
	NewForm	編集フォームコントロールのモードを FormMode.New に設定する。
	ViewForm	編集フォームコントロールのモードを FormMode.View に設定する。
	ResetForm	編集フォームをリセットする。
	SubmitForm	編集フォームコントロールの変更をデータソースに保存する。
	Reset	コントロールを Default プロパティ値にリセットする。
	Select	指定したコントロールの OnSelect 式を実行する。
	SetFocus	入力フォーカスを特定のコントロールに移動する。
シグナル操作	Disable	Location シグナルを無効に切り替える。
	Enable	Location シグナルを有効に切り替える。
テーブル操作	Filter	条件に基づいてフィルターしたテーブルを返す。 一部データソースで委任をサポート。
	LookUp	1つ以上の条件に基づいて最初の1レコードを返す。 一部データソースで委任をサポート。
	Search	いずれかの列に指定した文字列を含むレコードを検索する。 一部データソースで委任をサポート。
	Sort	数式に基づいて並べ替えたテーブルを返す。 一部データソースで委任をサポート。
	SortByColumns	1つ以上の列に基づいて並べ替えたテーブルを返す。 一部データソースで委任をサポート。
	AddColumns	テーブルに列を追加する。
	DropColumns	テーブルから列を削除する。
	ShowColumns	指定した列を表示する。
	RenameColumns	テーブルの列名を変更する。
	Count	単一列テーブルの数値が含まれるレコード数を返す。
	CountA	単一列テーブルの空白でないレコード数を返す。空のテキスト "" もカウントされる。
	CountIf	テーブルから論理式で true になるレコード数を返す。
	CountRows	テーブルのレコード数を返す。
	Distinct	重複を削除してテーブルを要約する。

カテゴリー	関数	概要
テーブル操作	First	テーブルの最初のレコードを返す。
	FirstN	テーブルの最初のレコードセットを返す。
	Last	テーブルの最後のレコードを返す
	LastN	テーブルの最後のレコードセットを返す。
	ForAll	テーブルのすべてのレコードに操作を実行する。
	GroupBy	レコードをグループ化したテーブルを返す。
	Ungroup	グループ化を解除する。
	Shuffle	テーブル内のレコードをランダムに並べ替える。
	Table	一時テーブルを作成する。
	With	1つのレコードに対して数式を評価する。
データソース/コレクション操作	Choices	ルックアップ列で使用可能な値のテーブルを返す。
	Clear	コレクション内のすべてのレコードを削除する。
	ClearCollect	コレクションからすべてのレコードを削除し、同じコレクションにレコードセットを追加する。
	Collect	データソースにレコードを追加する。データソースがない場合はコレクションを作成。
	DataSourceInfo	データソースに関する情報を返す。
	Defaults	データソースの規定値を返す。
	Errors	データソースに対する変更エラーを返す。
	Patch	データソース内のレコードを変更または作成する。データソースの外部でレコードをマージする。
	Refresh	データソースのレコードを再読み込みする。
	Remove	データソースから特定のレコードを削除する。
	RemoveIf	条件に基づいてデータソースからレコードを削除する。
	Revert	データソースのレコードを更新し、エラーをクリアする。
	Update	データソースのレコードを置き換える。
	UpdateIf	条件に基づいてデータソースのレコードセットを変更する。
	Validate	データソースの単一列、もしくはレコード全体の列が有効であるかを確認する。
変数操作	Set	グローバル変数の値を設定する。
	UpdateContext	コンテキスト変数を設定する。
エンティティ操作	AsType	レコード参照が特定のエンティティ型を参照しているかどうかをテスト。true/falseを返す。
	Relate	一対多または多対多のリレーションシップを通じて2つのエンティティのレコードを関連付ける。
	Unrelate	一対多または多対多のリレーションシップから2つのエンティティのレコードの関連付けを解除する。
集計	Average	引数の平均を計算する。一部データソースで委任をサポート。
	Max	最大値を返す。一部データソースで委任をサポート。
	Min	最小値を返す。一部データソースで委任をサポート。
	Sum	引数の合計を計算する。一部データソースで委任をサポート。
	StdevP	引数の標準偏差を計算する。
	VarP	引数の分散を計算する。
同時実行	Concurrent	複数の数式を同時に実行する。
論理	And	すべての引数がtrueの場合、trueを返す。&&演算子と同じ。

カテゴリー	関数	概要
論理	Or	引数のどれかがtrueの場合、trueを返す。||演算子と同じ。
	Not	引数がfalseの場合はtrue、引数がtrueの場合falseを返す。!演算子と同じ。
	If	条件がtrueの場合とfalseの場合で異なる処理を行う。
	Switch	条件判断を行い、対応する処理を行う。
	IfError	エラーを検出し、代替値を提供するか、操作を実行する。true/falseを返す。
	IsBlank	空白かどうかをテスト。true/falseを返す。
	IsEmpty	テーブル内にレコードがあるかどうかをテスト。true/falseを返す。
	IsMatch	正規表現を利用し文字列をパターン照合。true/falseを返す。
	IsNumeric	値が数値であるかテスト。true/falseを返す。
	IsToday	日付/時刻値が今日かどうかテスト。true/falseを返す。
	IsType	レコード参照が特定のエンティティ型を表しているかどうかを確認。true/falseを返す。
	StartsWith	文字列がある文字列で始まるかどうかをテスト。true/falseを返す。
	EndsWith	文字列がある文字列で終わるかどうかをテスト。true/falseを返す。
空白	Blank	空白を返す。NULL値を挿入する場合に利用。
	Coalesce	空の値を置き換える。
変換	Text	数値や日付/時刻値を文字列に変換。
	Value	文字列を数値に変換する。
	DateTimeValue	日付と時刻の文字列を日付/時刻値に変換。
	DateValue	日付のみの文字列を日付/時刻値に変換。
	TimeValue	時刻のみの文字列を日付/時刻値に変換。
	Char	文字コードを文字列に変換
日付/時間	Now	現在の日付と時刻を日付/時刻値として返す。
	Today	現在の日付を日付/時刻値として返す。
	Calendar	現在のロケールのカレンダーに関する情報を返す。
	Clock	現在のロケールの時計に関する情報を返す。
	Date	Year、Month、Dayの値に基づく日付/時刻値を返す。
	Time	Hour、Minute、Secondの値に基づく日付/時刻値を返す。
	DateAdd	日付/時刻値に加算する。
	DateDiff	2つの日付値の差を返す。
	Year	日付/時刻値の年の部分を取得。
	Month	日付/時刻値の月の部分を取得。
	Day	日付/時刻値の日付部分を取得。
	Hour	日付/時刻値の時間部分を取得。
	Minute	日付/時刻値の分の部分を取得。
	Second	日付/時刻値の秒の部分を取得。
	TimeZoneOffset	ユーザーのローカル時刻とUTCの差を分で返す。
	Weekday	日付/時刻値の曜日の部分を取得。
文字列	Concat	テーブル内の文字列を連結する。
	Concatenate	指定した文字列を連結する。
	Left	文字列の先頭部分の文字を返す。
	Mid	文字列の中間部分の文字を返す。
	Right	文字列の末尾部分の文字を返す。
	Find	文字列を別の文字列から検索する。
	EncodeUrl	URL文字列をエンコードする。

カテゴリー	関数	概要
文字列	PlainText	HTML、XMLタグを削除した文字列を返す。
	GUID	GUID文字列をGUID値に変換するか、新しいGUID値を作成する。
	HashTags	文字列からハッシュタグを抽出する。
	JSON	テーブル、レコード、または値のJSONテキスト文字列を生成する。
	Len	文字数の長さを返す。
	Lower	すべての大文字を小文字にする。
	Upper	すべての小文字を大文字にする。
	Match	パターンに基づいて部分文字列を抽出する。正規表現が利用できる。
	MatchAll	パターンに基づいて複数の部分文字列を抽出する。正規表現が利用できる。
	Proper	最初の文字が小文字であれば大文字に、その他の文字が大文字なら小文字に変換する。
	Replace	開始位置と長さを指定し文字列を置換する。
	Split	文字列を部分文字列のテーブルに分割。
	Substitute	文字列の一部を別の文字列に置換する。
	Trim	文字列からスペースを削除する。
	TrimEnds	文字列の末尾からスペースを削除する。
数値	Abs	数値の絶対値を返す。数値が負の場合、負の符号のない値を返す。
	Acos	数値のアークコサインをラジアン単位で返す。
	Acot	数値のアークコタンジェントをラジアン単位で返す。
	Asin	数値のアークサインをラジアン単位で返す。
	Atan	数値のアークタンジェントをラジアン単位で返す
	Atan2	座標をラジアン単位で返す。
	Cos	ラジアン単位で指定された角度をコサインで返す。
	Cot	ラジアン単位で指定された角度をコタンジェントで返す。
	Degrees	ラジアンを角度に変換して返す。
	Exp	2乗を返す。
	Ln	自然対数を返す。
	Mod	除算の剰余を返す。
	Pi	数値 π を返す。
	Power	n1のn2乗を返す。
	Radians	数値 π を返す。
	Rand	議事乱数を返す。
	Round	最も近い数値に丸める。
	RoundDown	元の数値以下の最大値になるよう切り捨てる。
	RoundUp	元の数値以上の最小値になるよう切り上げる。
	Sin	ラジアン単位で指定された角度をサインで返す。
	Sqrt	乗じた結果がnとなる数値を返す。
	Tan	ラジアン単位で指定された角度をタンジェントで返す。
色	ColorFade	指定された色の明るいもしくは暗いバージョンを返す。
	ColorValue	CSS色文字列に基づいて色を返す。
	RGBA	赤、緑、青の色成分に基づいて色を返す。
テスト	Assert	テストにおいてtrueまたはfalseを評価する。
	SetProperty	ユーザーがコントロールで値を入力または設定した場合と同様に、入力コントロールとの対話をシミュレートする。
	Trace	テスト結果に追加情報を提供する。

アイコンと図形

　画面上に配置できるアイコンおよび図形は複数用意されており、画面内のデザインを行うために利用できます。また他のコントロールと同様に OnSelect プロパティに数式を記述できます。

　［挿入］タブの［アイコン］から任意のアイコン、もしくは図形を選択し、画面上に追加できます。

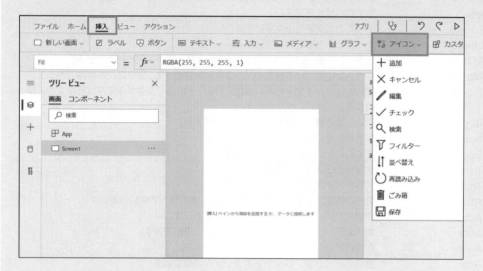

● アイコン一覧

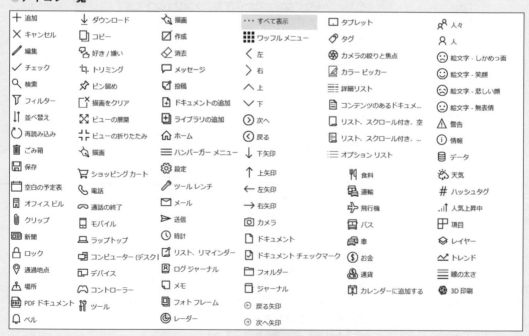

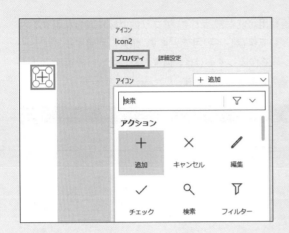

配置したアイコンの色は Color プロパティで変更できます。また別の種類のアイコンに変更したい場合は Icon プロパティで変更します。

● **図形**

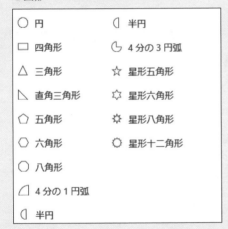

○ 円	◖ 半円
▢ 四角形	◕ 4分の3円弧
△ 三角形	☆ 星形五角形
◢ 直角三角形	✡ 星形六角形
⬠ 五角形	✳ 星形八角形
⬡ 六角形	❂ 星形十二角形
⬡ 八角形	
◸ 4分の1円弧	
◖ 半円	

コンポーネントによる再利用

コンポーネントはキャンバスアプリ内で利用できる再利用可能な部品です。アプリ内で繰り返し利用する内容（複数コントロールの組み合わせ）をコンポーネントとして保存して利用できます。頻繁に利用するメニューデザインや、アプリのヘッダー部分をコンポーネントとして作成しておけば、何度も繰り返し行う画面デザイン作業や、既存画面からコピーアンドペーストする作業が必要なくなります。

※本書の執筆時点において、コンポーネントはプレビュー機能です。利用する場合、［ファイル］－［設定］の［詳細設定］でコンポーネントを有効にする必要があります。

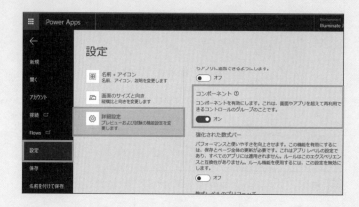

画面との入力/出力機能を含むコンポーネントを作成、利用する参考手順を次に示します。

コンポーネントの作成

❶ ツリービューで［コンポーネント］を開き、［新しいコンポーネント］をクリックする。

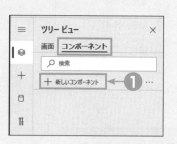

❷ 作成されたコンポーネントの名前を任意に変更する。

❸ コンポーネントのサイズを任意に変更する。

❹ コンポーネント内に任意にコントロールを追加しデザインを行う。

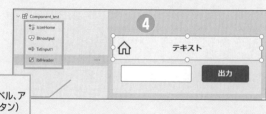

・背景色を指定
・4つのコントロールを配置（ラベル、アイコン、テキストボックス、ボタン）

❺ラベルのテキストを、アプリ画面から設定できる
よう入力プロパティを作成する
プロパティウィンドウで［新しいカスタムプロパ
ティ］をクリックし、次のカスタムプロパティを
作成する。
- 表示名：inputTitle
- 名前：inputTitle
- 説明：任意の説明文
- プロパティの型：入力
- データ型：テキスト

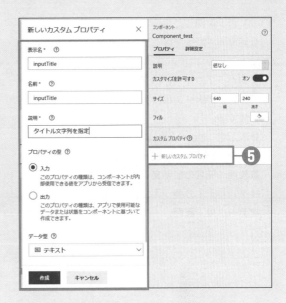

❻プロパティウィンドウで［詳細設定］を開き、
inputTitle を "画面名" に変更する。

❼ラベルの Text プロパティを次のように設定する。

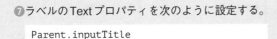

```
Parent.inputTitle
```

※入力プロパティ inputTitle の値を、ラベルの
Text プロパティに設定。

⑧アイコンを押した場合に移動する画面名を、アプ
リ画面から設定できるよう入力プロパティを作成
する
プロパティウィンドウで［新しいカスタムプロパ
ティ］をクリックし、次のカスタムプロパティを
作成する。
- ●表示名：inputHomeScreen
- ●名前：inputHomeScreen
- ●説明：任意の説明文
- ●プロパティの型：入力
- ●データ型：画面

⑨アイコンの OnSelect プロパティを次のように設
定する。

```
Parent.inputTitle
```

※Navigate 関数の引数（移動先の画面名）として
　入力プロパティ inputHomeScreen の値を利用。

⑩コンポーネント内の値を、アプリ画面へ渡せるよ
う出力プロパティを作成する
プロパティウィンドウで［新しいカスタムプロパ
ティ］をクリックし、次のカスタムプロパティを
作成する。
- ●表示名：outputText1
- ●名前：outputText1
- ●説明：任意の説明文
- ●プロパティの型：出力
- ●データ型：テキスト

⑪ボタンのOnSelectプロパティを次のように設定
する。

```
Set(t1, "入力値；"&TxtInput1.Text)
```

※グローバル変数t1に、テキストボックスのText
　プロパティ（入力された値）を含む値をセット。

⑫ツリービューでコンポーネントを選択し、プロパ
ティウィンドウの［詳細設定］で、outputText1を
「t1」に設定する。

コンポーネントの利用

❶ツリービューで［画面］を開き、アプリ内の任意の
画面を開く。

❷ [挿入]－[カスタム]をクリックし、コンポーネント名を選択する。

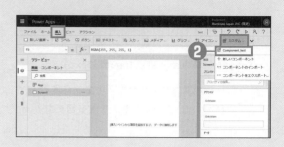

❸ 画面内にコンポーネントが挿入される。

❹ コンポーネントの入力プロパティを利用して画面名を設定する
コンポーネントを選択し、プロパティウィンドウの[詳細設定]で、inputTitleに画面名として表示したい文字列を指定する。

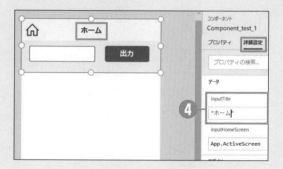

❺ コンポーネントの入力プロパティを利用してアイコンを押したときの移動先画面を設定する
コンポーネントを選択し、プロパティウィンドウの[詳細設定]で、inputHomeScreenに画面名を指定する。

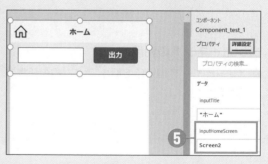

❻ コンポーネントの出力プロパティをラベルに表示してみる
画面内にラベルを配置する。

❼ラベルの Text プロパティを次のように設定する。

Component_test_1.outputText1

※ プレビューすると動作が確認できる。

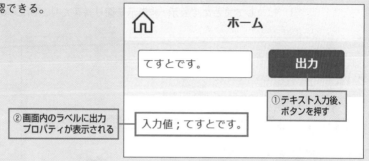

コンポーネントの内容を変更すれば、そのコンポーネントを利用している画面内容にも反映されます。また
コンポーネントはアプリ内での共有、インポート／エクスポート、コンポーネントライブラリによる展開が可
能です。

コントロールのグループ化

　複数のコントロールをまとめて扱いたい場合、グループ化を行います。複数コントロールをグループ化することで、次のような場合に便利に利用できます。

・画面内での位置を指定：グループ単位で画面上の位置を指定できます。
・プロパティの設定：グループに対してプロパティ設定が行えます。グループの Visible プロパティを設定
　　　　　　　　　してまとめて表示/非表示を切り替えたり、OnSelect プロパティの設定も可能です。

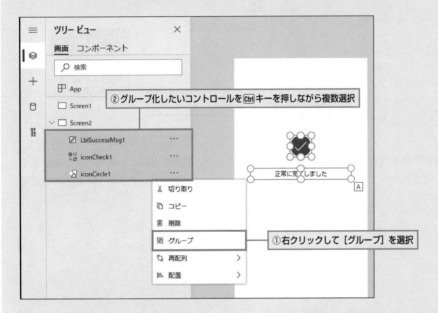

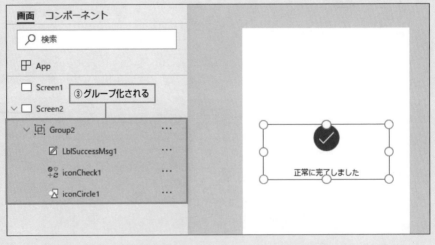

アプリの共有と管理

第 **5** 章

キャンバスアプリを共有、展開する方法、また共有されたキャンバスアプリの利用方法を解説します。またあわせてアプリの管理方法を理解しましょう。

1 アプリの発行と共有

キャンバスアプリの作成後、利用するためには次の作業を行います。

> ① アプリをクラウドに保存
> ② 発行
> ③ アプリを共有

ここでは、上記の作業について順に見ていきます。

① アプリをクラウドに保存

❶

Power Apps Studioで［ファイル］−［設定］を開き、アプリに対し次の設定を行う。

● アプリ名：アプリに名前を付ける。

● アイコン：背景色とアイコンを組み合わせたアプリアイコンを指定する。アイコンは一覧から選択するか、もしくは自分で用意した画像を利用する。

● 説明：アプリの内容がわかるような説明を記載する。

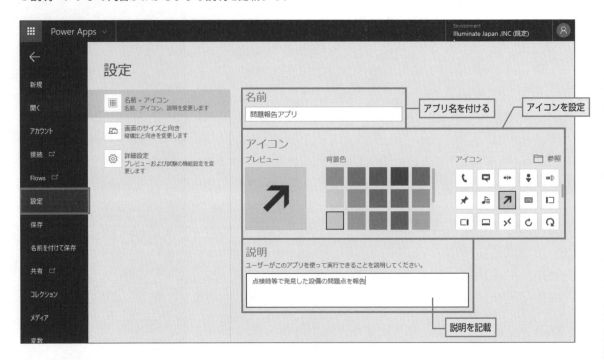

❷

アプリに設定を行った後、[保存] メニューを開き、[クラウド] を選択して [保存] をクリックする。

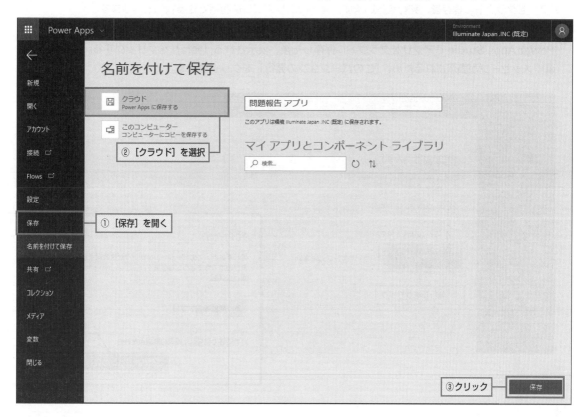

ここまでの手順は第3章、第4章でも解説済みです。クラウドに保存することで、組織内にアプリが保存されますが、保存後に発行するまではまだ利用できません。アプリの作成者が、Power Apps画面上で編集可能なアプリとして確認できるだけです。

● Power Apps画面
アプリの作成者はアプリの所有者となります。Power Apps画面の [アプリ]－[編集可能なアプリ] の一覧にアプリが表示されます。

② 発行

アプリをクラウドに保存後、発行を行います。発行によりアプリは利用できる状態となります。

❶

Power Apps Studioでアプリをクラウドに保存した後、表示される［発行］をクリックする。
確認メッセージが表示されるため、［このバージョンの発行］をクリックする。

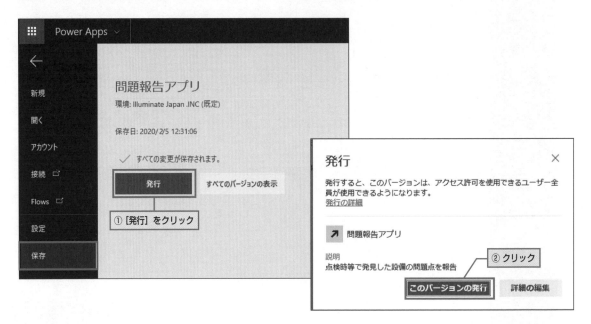

❷

発行完了後に表示される［共有］をクリックする。

➡ ブラウザーが起動してPower Apps画面内のアプリに対する共有設定が開く。

※ Power Apps画面のアプリ一覧からも同じ画面が開ける。

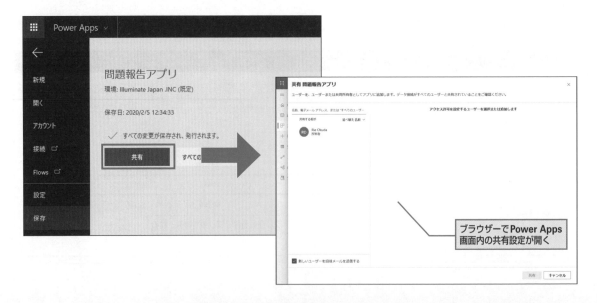

③ アプリを共有

発行後は、共有相手を指定します。共有相手は、ユーザーもしくは共同所有者として設定します。

- ユーザー：アプリの利用が行える。
- 共同所有者：アプリの利用、編集、共有設定が行える。

❶

アプリに対する共有設定で、共有相手（ユーザーもしくはグループ）を追加する。
既定では［ユーザー］となるため、必要に応じて［共同所有者］に変更し、［保存］をクリックする。

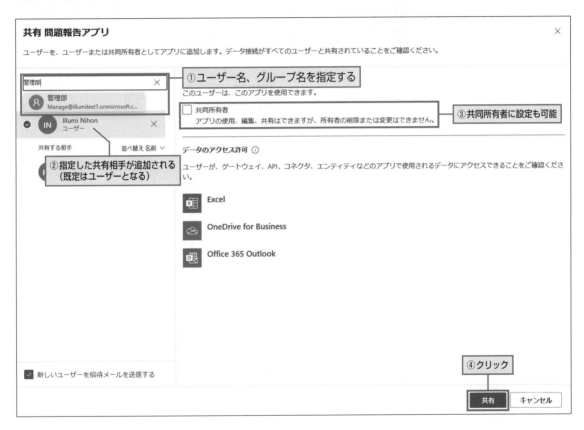

ポイント　アプリの共有に利用できるユーザーやグループ

　アプリの共有設定には、ユーザーとセキュリティグループが利用できます。また組織内の全ユーザーと共有したい場合は、「すべてのユーザー」を利用します。

- ユーザーやグループ
  を指定して共有

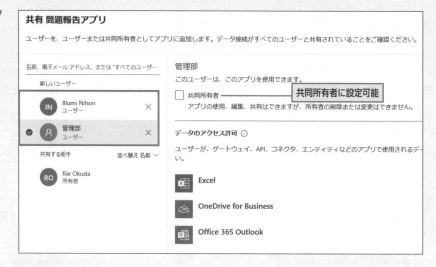

- 組織内の全ユーザー
  と共有

「すべて」と入力して検索し、[組織名のすべてのユーザー] を利用
※ 共同所有者には設定不可

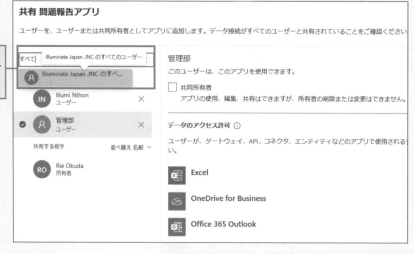

注意点

- 配布グループを利用した共有は不可
- 共同所有者はアプリの編集が可能、ただし同時編集は不可

他の所有者が **Power Apps Studio** でアプリ編集中に、**Power Apps Studio** を開こうとした場合に表示

- Office 365 グループを利用したアプリ共有

  セキュリティが有効である Office 365 グループのみアプリ共有に利用できます。既定ではセキュリティは無効であり、全体管理者もしくは Office 365 グループの所有者による設定が必要です。この設定は PowerShell（Azure AD コマンドレット）により行えます。

- 組織外のユーザー（ゲスト）との共有

  Azure AD（Azure Active Directory）テナント内のゲストユーザーと共有できます。組織でゲスト共有が有効となっており、ゲストユーザーが追加されていることが前提です。またゲストユーザーは自身のテナントで Power Apps が利用できるライセンスが割り当てられている必要があります。

  ※キャンバスアプリのゲスト共有は 2019 年 10 月から追加された機能です。

ヒント

データソースへのアクセス許可も管理が必要

共有したアプリを利用するためには、アプリで利用しているデータソースに対するアクセス許可も別途管理が必要です。

たとえば第3章、第4章で作成したアプリの場合、データソースであるExcelファイルの共有も必要です。データソースであるExcelファイルに対する権限を持たない場合、アプリは利用できますが、アプリ内にデータは表示されません。

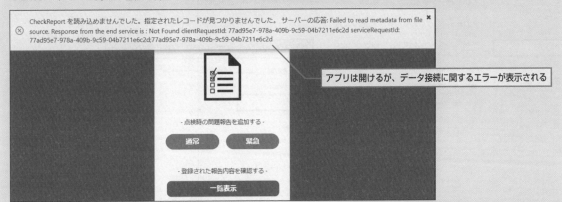

Excelファイルの格納先にあわせて、必要な権限を付与してください。手順で利用している OneDrive for Business の場合は、OneDrive for Business上で該当Excelファイルが保存されているフォルダーに対する権限付与が可能です。

2 アプリの管理

キャンバスアプリの所有者や共同所有者は、Power Apps画面を利用して、アプリに対する各種設定やアプリの編集が行えます。

アプリに対する各種設定

● アプリの編集

アプリを再度 Power Apps Studioで開いて編集したい場合、アプリのメニューから［編集］をクリックして開きます。

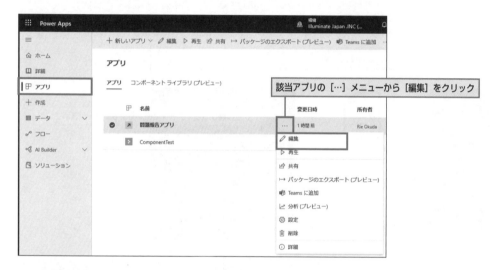

● アプリの共有

• アプリの詳細

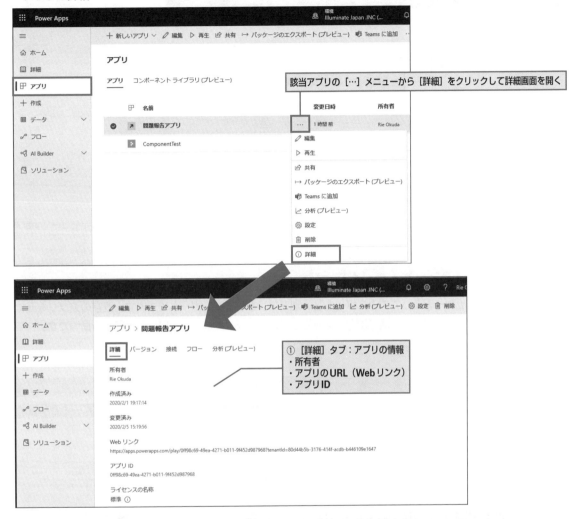

該当アプリの［…］メニューから［詳細］をクリックして詳細画面を開く

① ［詳細］タブ：アプリの情報
・所有者
・アプリのURL（Webリンク）
・アプリID

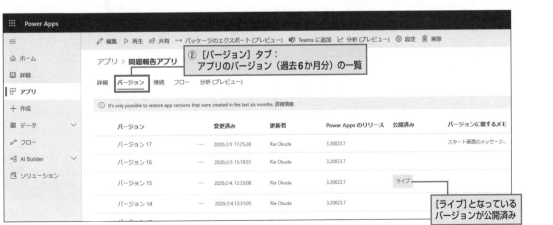

② ［バージョン］タブ：
アプリのバージョン（過去6か月分）の一覧

［ライブ］となっている
バージョンが公開済み

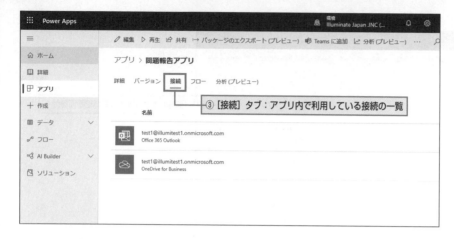

※アプリの詳細画面には、他にもアプリ内で利用しているフローを表示する［フロー］タブ、本書の執筆時点ではまだプレビューですがアプリの利用分析情報を表示する［分析］タブも含まれています。

アプリのエクスポート/インポート

キャンバスアプリはパッケージとしてエクスポートし、別アプリとしてインポートできます。既存のアプリを元に別のアプリを作成する場合や、異なる環境（別テナントでも可）にアプリを展開する際に利用できる機能です。

※エクスポート機能は本書の執筆時点ではプレビュー機能です。

アプリのエクスポート

❶
Power Apps画面で［アプリ］を開く。

❷
エクスポートしたいアプリの［…］メニューから
［パッケージのエクスポート］をクリックする。

❸
エクスポートの詳細設定を行う画面が開くため、［名前］を任意に指定する。

❹
［インポートの設定］-［更新］をクリックする。

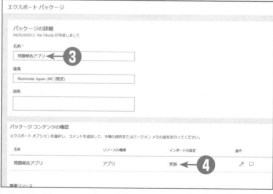

⑤
インモートの設定を次のいずれかから選択し、[保存] をクリックする。
- [新しく作成する]：インポートする際にアプリ名を指定し、新規アプリとしてインポートされる。
- [更新]：環境にアプリがすでに存在する場合、アプリを更新する形でインポートされる。

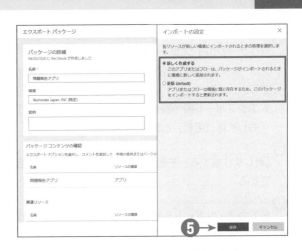

⑥
画面右下の [エクスポート] をクリックする。

⑦
エクスポートされたパッケージがファイルとしてダウンロードされるため、デスクトップなど任意の場所に保存する。
※ZIPファイルがダウンロードされる。

ヒント

エクスポート時に含まれる内容

アプリ内に依存する Power Automate フローが含まれる場合、フローやフロー内の接続もパッケージ内に含まれます。

アプリのインポート

❶
Power Apps 画面で [アプリ] を開く。

❷
[キャンバスアプリのインポート] をクリックする。

❸
[アップロード] より、パッケージファイル（エクスポートしたzipファイル）を選択する。

④ パッケージのインポート内容を設定する画面で、[インポートの設定]に表示されている操作をクリックする。

※エクスポート時の設定により、[新しく作成する]もしくは[更新]と表示される。

⑤ [新しく作成する]を指定した場合は、アプリ名を指定する。

⑥ 右下の[インポート]をクリックする。

⑦ アプリが環境内にインポートされる。

※インポートしたアプリを利用するには、アプリ内で利用しているデータソースへの接続を作成しなおす必要がある。

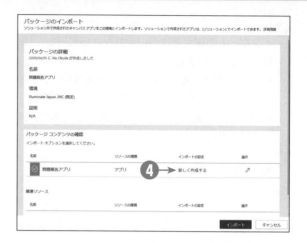

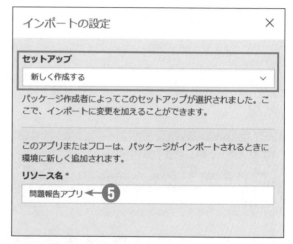

3 アプリの利用

Power Appsのキャンバスアプリは、PCのブラウザーやスマートフォンなど、さまざまな端末で利用できます。ここでは、共有されたアプリの利用方法や、TeamsおよびSharePointサイトを利用した展開方法を解説します。

ブラウザーでの利用

PCでキャンバスアプリを利用する場合、アプリのURLを直接開く方法と、Power Apps画面から開く方法があります。Power Apps画面の［アプリ］一覧には、自分に共有されたアプリが表示されます。

❶

Power Apps画面から［アプリ］を開く。

▶共有されているアプリが一覧表示される。

❷

利用したいアプリをクリックする。

❸

アプリ内に使用許可が必要な接続が含まれている場合、またその接続をはじめて利用する場合は、確認画面が表示される。自分のアカウントでサインインしていることを確認し、［許可］をクリックする。

④
アプリがブラウザーで開き、利用できる。

※アプリ所有者から伝えられたアプリのURLを利用してアプリを開く場合は、Power Apps画面を開く必要はありません。アプリのURL
　を開くと、手順❸、手順❹と同様の動作となります。

モバイル端末での利用

　モバイル端末で利用する場合、端末にモバイル用のPower Appsアプリをインストールして実行します。アプリス
トアよりインストール可能です。

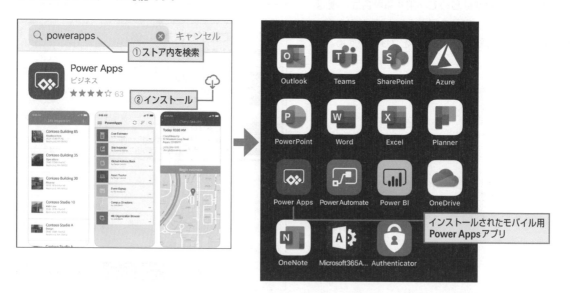

※iPhone、iPad、Androidデバイスにインストールできます。iOS端末の場合はApp Store、Android端末の場合はGoogle Playで検
　索して、モバイル用Power Appsアプリをインストールします。上記の画面はiOS端末の場合です。

　自分に共有されたアプリは、端末にインストールしたPower Appsアプリから利用できます。モバイルデバイスで
実行するアプリでは位置情報やカメラなどのデバイス機能が利用できます。

●利用時

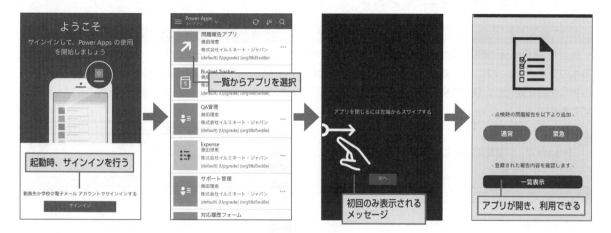

　インストールしたモバイル版 PowerApps を起動すると、初回利用時はサインイン画面が表示されます。組織アカウントを利用してサインインを行います。サインイン後、自分がアクセスできるアプリの一覧が表示されるため、アプリ名をタップして開きます。アプリの利用後は、左側からスワイプし、元の一覧に戻れます。

　また頻繁に利用するアプリは、すばやくアクセスできるようにデバイスのホーム画面にピン留めしておくことも可能です。

アプリの展開バリエーション

Teams タブに表示

TeamsはOffice 365で提供される機能のひとつで、チームメンバーとのコミュニケーションや共同作業を支援するものです。チャット、音声通話、オンライン会議の機能だけではなく、チームを作成することで、チーム内にさまざまな情報を集約し、情報共有/作業スペースとして利用できます。Power Appsアプリはチーム内のタブとして追加できます。

❶
Teamsで、タブを追加したいチャネルを開き、[＋]をクリックする。

❷
[タブの追加] ダイアログで、[Power Apps] をクリックする。

❸
アプリを選択し、[保存] をクリックする。

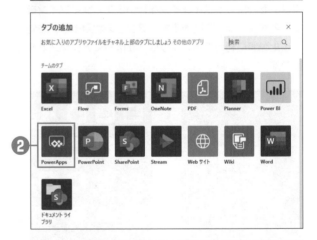

❹

チームのチャネル内にタブとして Power Apps アプリが表示され、利用可能となる。

※ Teams のチームメンバーに対するアプリの共有は別途必要。

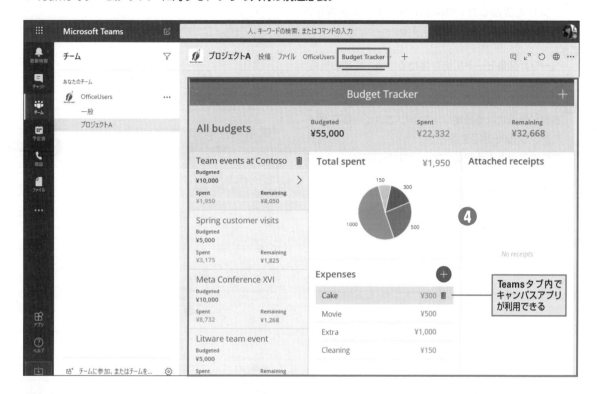

SharePoint サイトへの埋め込み

SharePoint には Power Apps Web パーツが提供されており、SharePoint サイト内に Power Apps キャンバスアプリを追加できます。

❶

Power Apps 画面からアプリの詳細画面を開く。

❷

アプリIDをコピーしておく。

❸

アプリを表示したいSharePointサイトを開き、
ページの［編集］をクリックする。

❹

ページが編集モードに切り替わるため、任意の場所
にPower Apps Webパーツを配置する。

❺

右側に表示される設定ウィンドウでコピーしておい
たアプリIDを指定する。
●枠線を表示するかどうかをあわせて設定。

❻

［再発行］をクリックする。

❼

ページ内にPower Appsアプリが埋め込まれ、利用可能となる。

※SharePointサイトに対するアクセス権とアプリの共有設定は別である。SharePointサイトの利用者がアプリを利用できるよう、アプリの共有は別途行う。

SharePointサイトのページ内に
キャンバスアプリが埋め込まれる

4　組織全体での管理

　組織全体でのPower Appsに対する管理は「環境」を利用して行います。管理者は組織内（テナント内）で環境を用いてPower Appsアプリの作成時や動作に関わる設定や管理操作が行えます。

環境による管理

　「環境」とは、Power AppsアプリやPower Automateフロー、接続などのPower Platformリソースをまとめて管理するためのコンテナーです。既定では組織（テナント）内に環境が1つ用意されており、これを「既定の環境」とよびます。

　また環境を複数作成することで、次のような管理が可能となります。

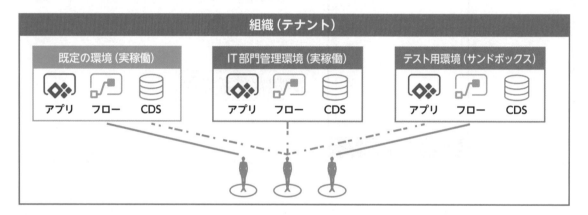

<例>

	既定の環境 （実稼働）	IT部門管理用環境 （実稼働）	テスト用環境 （サンドボックス）
環境の管理者	IT部門	IT部門	IT部門
環境内にアプリ作成が可能	ライセンスを持つ全ユーザー （変更不可）	IT部門メンバーのみ	IT部門、管理部門メンバー
アプリの利用者	アプリを共有されたユーザー		

- **アプリを目的や利用者ごとに分けて管理**

　Power Appsアプリはユーザーが自分たちのニーズに応じたアプリ作成を行うことができます。ユーザー部門が作成したアプリとIT部門によって組織全体に向けて展開されるアプリを分けて管理したい、特定の部門や支店のメンバーごとにアプリと、アプリに関連するデータをまとめて管理したいなど、アプリを目的や利用部門ごとに分けて管理するための単位として利用できます。またアプリ作成が行える権限は環境ごとに設定が可能です。

- **アプリのライフサイクルを管理**

　実稼働で利用するアプリと、動作確認や検証中のアプリを分けたいなど、アプリのライフサイクルを管理しやすいように環境を分けられます。

- **データアクセスの管理**

  アプリから利用するデータへの接続は環境内に格納されます。またアプリから利用できるコネクタ（各種データソースに接続するために必要）に対する制限が行えるデータ損失ポリシーは環境ごとに設定が可能です。

- **データベースの利用単位**

  Common Data Service（CDS）を利用する場合は環境単位でデータベースが作成できます。環境内には1つのCommon Data Serviceデータベースを含めることができ、同じ環境内のアプリから利用が可能です。またCommon Data Serviceデータベースを含まない環境も作成可能です。

環境の作成にはPower Apps単体プランが必要です。Office 365の各プランに含まれるPower Apps for Office 365プランでは環境の作成およびCommon Data Serviceデータベースの利用は行えません。組織（テナント）内に1つ用意される既定の環境のみを利用が可能であり、複数の環境を利用した管理は行えません。

ヒント

アプリ利用者は？

環境はPower Appsアプリを組織で管理するためのしくみです。ユーザーは、アプリが共有されていれば利用できるため、自分が利用しているアプリがどの環境内のものであるかを特に気にする必要はありません。

既定の環境

　テナントには既定で1つの環境が用意されており、これを「既定の環境」とよびます。既定の環境には「Azure ADテナント名（既定）」（下線部は実際の名前）という名前が付けられます。

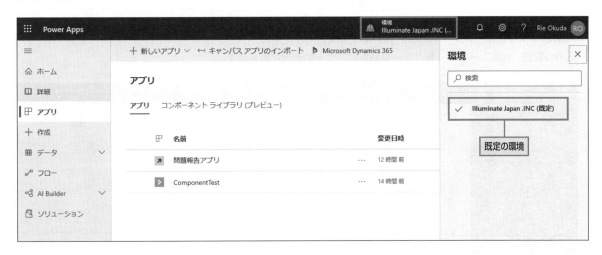

　既定の環境は、作成した環境とは異なり次のような独自のしくみを持ちます。

- 既定の環境は削除不可
- 組織（テナント）内のユーザーは、自動的にアプリ作成ができる環境作成者ロールに追加される（変更不可）
- Power Apps for Office 365プランで利用している場合、既定の環境へのCommon Data Serviceデータベースの作成は不可

※Power Apps for Office 365プランの場合、環境の作成が行えないため既定の環境のみを利用する。

管理センターへのアクセス

組織全体や環境レベルでの管理は管理センターで行います。また管理者は次の管理センターが利用できます。

- **Power Platform 管理センター（admin.powerplatform.microsoft.com）**
  環境の作成や管理、Power Apps、Power Automate、Power BIの利用分析レポートが確認できます。

- **Power Apps 管理センター（admin.powerapps.com）**
  環境の管理、利用ユーザー一覧、データ損失ポリシーの管理が行えます。

ヒント

2種類の管理センターについて

本書の執筆時点では Power Appsの管理に利用する管理センターは2種類ありますが、将来的に Power Apps管理センターの機能は Power Platform管理センターへ移される予定です。移行が完了するとすべての管理項目は Power Platform管理センターで行えるようになります。

ポイント　利用プランによる管理機能の差

Power Apps 単体プランでは環境を利用した管理のすべての機能が利用できますが、Power Apps for Office 365（Office 365 に含まれるプラン）では一部の管理機能のみ利用できます。

管理機能	Power Apps for Office 365	Power Apps 単体プラン
ユーザー/ライセンスの管理	Microsoft 管理センターで可能	
Power Apps 管理センター/ Power Platform 管理センター	一部のみ （データ損失防止ポリシー/ テナントレベルのユーザーレポート）	すべての機能が利用可能
環境の作成	×	○

❶

Power Apps 画面で、[設定]－[管理センター]をクリックする。

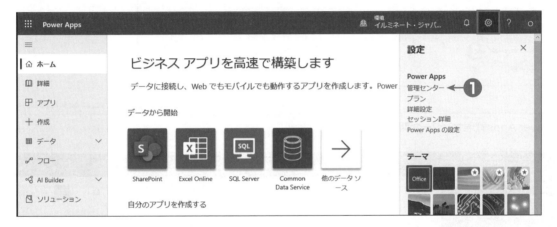

❷

Power Platform 管理センターが開く。

3

[管理センター]－[Power Apps]をクリックする。

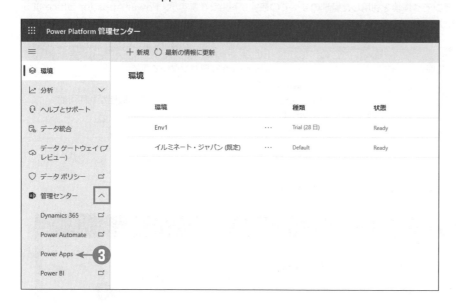

4

Power Apps管理センターが開く。

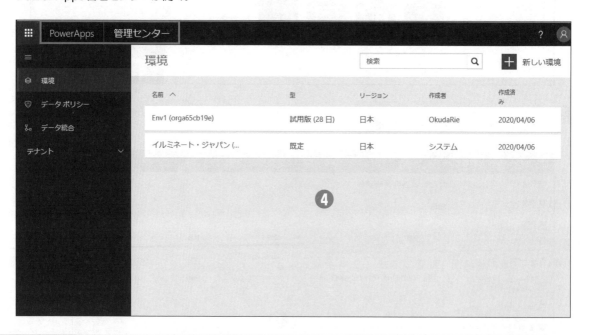

ポイント **PowerShell による管理**

アプリ所有者や管理者向けに PowerShell コマンドレットがリリースされる予定です。本書の執筆時点ではプレビュー機能として提供されており、Power Apps 画面でアプリ所有者が行える設定や Power Platform 管理センター（Power Apps 管理センター）で管理者が行える設定に対する各種コマンドレットが用意されています。

ヒント

権限による違いについて

Power Platform管理センターおよびPower Apps管理センターは、Power Apps画面と同様にライセンスが割り当てられたユーザーが開けます。組織の全体管理者やPower Platform管理者、および環境に対する管理者権限を持たないユーザーが管理センターを開いた場合、管理に関する設定は行えません。

●全体管理者、Power Platform管理者の場合

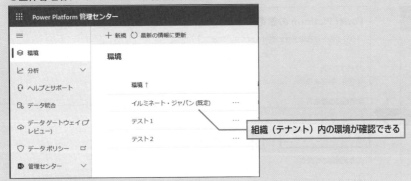

●特定の環境の管理者の場合

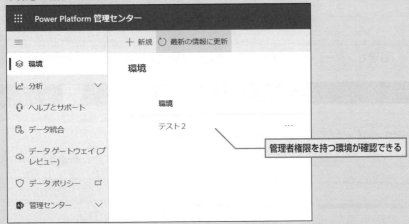

●ユーザーの場合

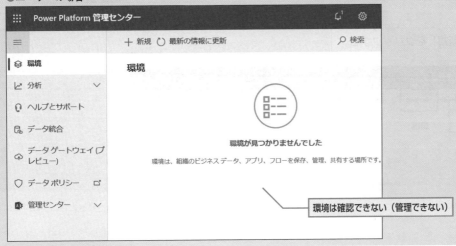

環境の作成

環境の作成は、Power Apps ユーザープランが割り当てられたユーザーが行えます。環境の作成を全体管理者や Power Platform 管理者のみ行えるよう制限したい場合は、Power Platform 管理センターの［設定］で次のように設定が可能です。

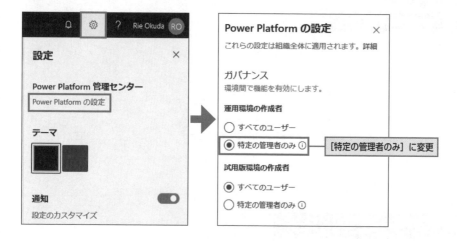

❶
Power Apps 画面の［設定］－［管理センター］をクリックして、Power Platform 管理センターを開く。

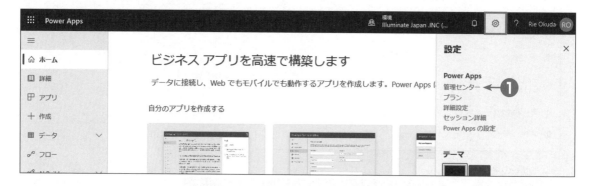

❷
［環境］を開き、［新規］をクリックする。

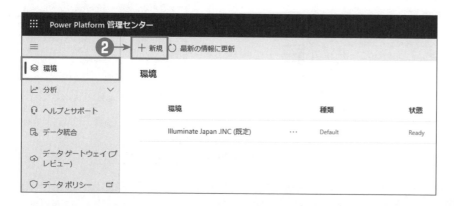

❸
環境の名前、種類、地域、目的を任意の内容で指定
する。
※Power Apps試用版で環境の作成を試したい場
　合、種類は［試用版］を選択する。

❹
［この環境のデータベースを作成しますか？］を次の
ように指定し、［保存］をクリックする。
●CDSデータベースを作成する場合：［はい］
●CDSデータベースを作成しない場合：［いいえ］
※Common Data Service（CDS）データベース
　はなしとして環境を作成した場合でも、必要に応
　じて後からデータベースを作成することは可能。

❺
手順❹で［この環境のデータベースを作成します
か？］に対して［はい］を選択した場合のみ、次を
設定して［保存］をクリックする。
●言語、通貨
●サンプルアプリおよびデータの展開
　サンプルアプリとそのデータを含めたい場合は
　［はい］を選択する。
●セキュリティグループ

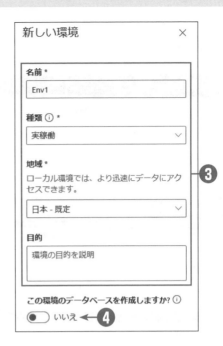

❻

新しい環境が作成される。

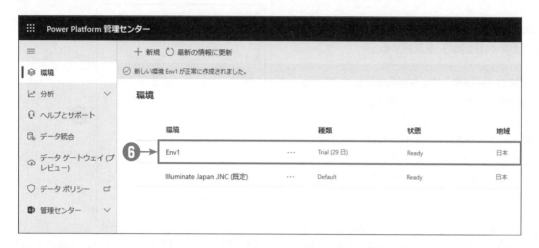

ヒント

環境の種類について

環境は3種類あり、利用目的に応じて環境の作成時に選択します。

- ● 実稼働
  運用環境です。実稼働環境とサンドボックス環境は作成後に変更が可能です。
- ● サンドボックス
  非運用環境です。アプリの作成や変更をテストできる場所として利用されます。特定のロールメンバーのみがアクセス可能となる管理モードや、環境内のコンテンツ（アプリ、フロー、接続、Common Data Service データベース）を完全に削除するリセットが可能です。
- ● 試用版
  その名のとおり試用版環境です。30日間で有効期限が切れ、その後自動的に削除されます。また試用版環境は実稼働環境に変換も可能です。

また組織内に、無償の検証環境であるコミュニティプランを利用しているユーザーがいる場合、Power Apps管理センターやPower Platform管理センターの環境一覧内に表示されます。

ポイント　アプリを作成する

　第3章でも解説した内容ですが、環境が複数ある場合、どの環境にアプリを作成するかは、作成前に選択が可能です。Power Apps 画面で右上の環境一覧で選択します。Power Apps Studio を開いた後は変更ができないため、アプリ作成を行う前に確認が必要です。

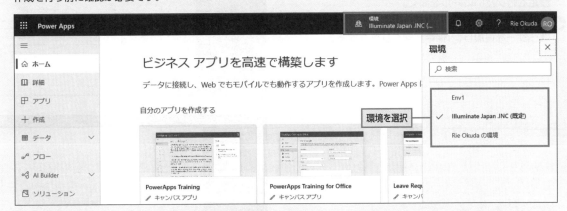

　環境を複数作成することで、ユーザーやアプリを分割して管理できる点は便利ですが、環境がむやみに増えるとアプリ作成時にユーザーが毎回適切な環境を選択する必要がでてくる点は手間に感じることもあるでしょう。この点も考慮した上で環境作成が必要かどうか検討を行うようにしてください。

環境のセキュリティロール

　環境内で行える操作は割り当てられたセキュリティロールによって決まります。環境内にはCommon Data Serviceデータベースを含めることが可能ですが、Common Data Serviceデータベースが作成されているかどうかにより環境で利用できるロールは異なります。

CDS データベースなしの環境

　Common Data Serviceデータベースを含まない環境の場合、環境に対するロールは次の2種類です。

ロール	説明
環境管理者	環境内のすべての設定が行える。 ・環境に対するロール設定 ・環境内のすべてのリソースの表示、管理 ・データ損失防止（DLP）ポリシーの設定
環境作成者	環境内にアプリ作成が行える。フロー、コネクタ、ゲートウェイの作成や共有も可能。

❶

Power Apps管理センターの［環境］を開き、設定を行う環境をクリックする。

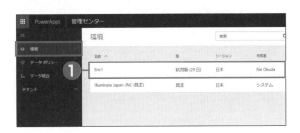

❷

環境の設定画面が開くため、[セキュリティ] タブを開く。

❸

設定を行いたいロールを開く。

❹

ユーザーを追加し、[保存] をクリックする。

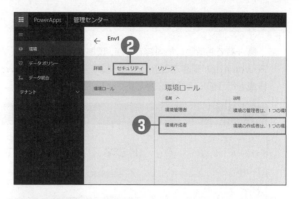

CDS データベースありの環境

　環境内に Common Data Service データベースが作成されると、環境に対して利用できるロールは次のようになります。また次の一覧にある既定のロールに加えてカスタムセキュリティロールの作成も可能です。

ロール	説明
システム管理者	環境内のすべての設定が行える。またデータベース内のデータに対するフルアクセス権を持つ。Common Data Service データベースを作成すると、環境管理者ロールから引き継がれる。
システムカスタマイザー	環境に対する設定が可能。自身が所有するデータにのみアクセス可能。
環境作成者	環境内にアプリ作成が行える。フロー、コネクタ、ゲートウェイの作成や共有も可能。データに対するアクセス権はない。
Common Data Service ユーザー	自分が所有するデータに対するアクセスが可能。
代理人（デリゲート）	他のユーザーの代わりに操作できる特別なロール。

❶

Power Apps 管理センターの [環境] を開き、設定を行う環境をクリックする。

②
環境の設定画面が開くため、[セキュリティ] タブを
開く。

③
[ユーザーの一覧] リンクをクリックする。
　※ユーザーを追加する場合は、事前にユーザー名を
　　指定し [ユーザーの追加] をクリックする。

④
環境内のユーザー一覧からユーザーを選択し、[ロー
ルの管理] をクリックする。

⑤
割り当てるロールを選択し [OK] をクリックする。

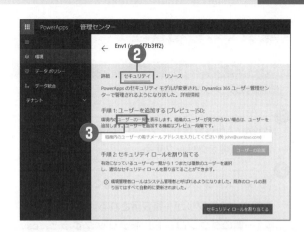

環境での各種管理

環境内のアプリの一覧

環境内のアプリを一覧表示します。

1
Power Apps管理センターの［環境］を開き、確認
したい環境をクリックする。

2
［リソース］タブの［アプリ］を開く。

▶環境内のアプリが一覧表示される。

※［一覧のダウンロード］をクリックすると、csv
ファイルとしてエクスポートできる。

アクティブユーザーの一覧

テナント内のユーザーの一覧をダウンロードできます。

1
Power Apps管理センターの［テナント］–［ユー
ザーライセンス］をクリックする。

2
［アクティブなユーザーライセンスの一覧をダウン
ロードする］をクリックする。

▶csvファイルとしてダウンロードされる。

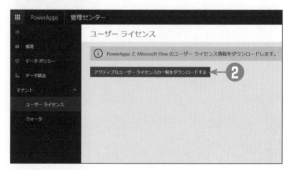

データ損失防止（DLP）ポリシーの作成

　Power Appsを利用することで、ユーザーは必要な業務アプリをよりすばやく作成し、利用できます。また近年、クラウドサービスを業務で利用する機会が増えてきており、複数のサービスを利用することもめずらしくありませんが、Power Appsがサポートしているデータソースは多く、各種クラウドサービスのデータと連携したアプリが作成できる点も大きなメリットといえるでしょう。

　しかし多くのデータソースと接続ができることは、予期せぬ情報漏えいのリスクにつながりかねない点は懸念すべきことです。たとえば「業務に関するデータをSNSに誤って送信してしまう」、「個人で利用しているファイルストレージに持ち出しできないはずのファイルが保存されてしまう」などの事故が、悪意のあるなしにかかわらず起こってしまうかもしれません。データ損失防止（Data Loss Prevention：DLP）ポリシーは、IT管理者が、テナントレベルや環境レベルで設定できるコネクタに対するポリシーです。コネクタを［ビジネスデータのみ］と［ビジネスデータ禁止］の2つに分類し、併用できないよう設定できます。

❶

Power Platform管理センターで［データポリシー］をクリックする。

➡Power Apps管理センターに切り替わり、データポリシーの管理画面が開く。

❷

［新しいポリシー］をクリックする。

❸

ポリシーを適用する環境を次の中から指定し、［続行］をクリックする。
- ［すべての環境に適用］
- ［選択した環境のみに適用］
- ［選択した以外のすべての環境に適用］

④
[Business data only（ビジネスデータのみ）]内にある[追加]をクリックし、利用可能にしたいコネクタを選択して[コネクタの追加]をクリックする。

▶ コネクタが追加される。

※追加しないコネクタは[No business data allowed（ビジネスデータは禁止）]内にとどまる。

⑤
データポリシー名を付けて、[ポリシーを保存]をクリックする。

⑥
ポリシーが保存されたことが確認できる。

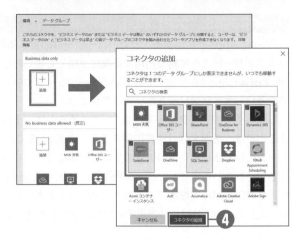

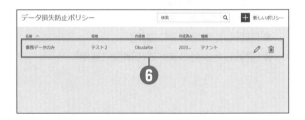

　たとえば「[ビジネスデータのみ]であるSharePointコネクタと[ビジネスデータは禁止]であるTwitterコネクタの、両方を利用したアプリは作成できない」といったポリシーにより、[ビジネスデータのみ]と[ビジネスデータは禁止]の両データグループのコネクタを組み合わせたアプリは作成できません。これはPower Automateでのフローでも同様です。組み合わせられないコネクタを利用しようとすると、次のようなエラーが表示されます。

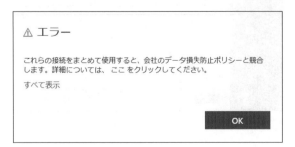

各種データソース
への接続

第 **6** 章

Power Appsはさまざまなデータと連携したアプリが作成できます。この章ではPower Appsで扱えるデータソースに関連する内容として、各種データソースに接続する際に利用するコネクタについて、およびキャンバスアプリ内でのデータソースの操作について解説します。

1 データ接続とコネクタ

　Power AppsはOffice 365、Dynamics 365、Azureをはじめとする各種クラウドサービスや、SQL Serverデータベース、SharePoint Server、Oracleデータベースなどのオンプレミス上のデータなど、さまざまなデータソースをサポートしており、これらのデータソースに接続したアプリが作成できます。またPower Appsに含まれるPower Platform共通データストアであるCommon Data Serviceも利用可能です。第3章と第4章ではExcel内のテーブルをデータソースとし、キャンバスアプリの基本的な作成方法を解説しましたが、実際にアプリ作成を行う際にはExcelだけではなく、これらの各種データソースを利用するケースのほうが当然多くなるでしょう。データソースが異なったとしても、ギャラリーや編集フォームなどのコントロールの扱い方やデータソースへの更新方法など、キャンバスアプリでのデータソースの扱い方は同様です。

　アプリで扱いたいデータソースに接続するためには、Power Apps Studioでアプリを作成する際に、コネクタを利用してデータソースとの接続を追加します。標準でコネクタは多数用意されており、さまざまなデータソースとの接続が行えます。コネクタの種類によって異なりますが、ExcelやSQL、SharePointのようにテーブル形式のデータを扱えるデータソースもあれば、Office 365 OutlookやTwitterなどのように、値の取得や操作を行うアクションが提供されるデータソースもあります。またその両方を提供するものもあります。また各データソースへの認証方法は、それぞれのデータソースに応じた方法を用いて接続を行います。たとえばSQL ServerコネクタではAzure AD統合認証やOAuth認証、SQL Server認証、Windows認証が利用できます。

提供されている標準コネクタ

　標準で300以上のコネクタが提供されており、標準コネクタはスタンダードとプレミアムの2つに分類されています。利用しているPower Appsプランによって使用できるコネクタは異なりますが、Power Apps単体プランを利用している場合はスタンダートとプレミアムの両方が利用可能です。スタンダードに分類されるコネクタの特徴は、Office 365の各種サービスや、GmailやTwitterなどの無償で利用できる各種クラウドサービスに接続できるものが多く含まれていることといえます。プレミアムに分類されるコネクタはAzureの各種サービスやSalesforceなどのビジネスで利用するクラウドサービス、オンプレミスデータなど、さらに幅広いデータソースとの接続が行えます。

またプレミアムのコネクタにはHTTP接続で各種APIと接続するものも含まれているため、これを利用することで標準コネクタとして提供されていないAPIと接続することも可能です。

　Power Appsの右の画面において、標準で提供されているコネクタを一覧で確認できます。

　次に示すのは、現在Power Appsで利用できるコネクタの一覧です。

スタンダードに分類されるコネクタ

Adobe Sign
Approvals
Asana
AtBot Logic
Azure AD
Box
Cloud App Security
Dropbox
Encodian
Excel
File System
Freshdesk
FTP
GitHub
Gmail
Google カレンダー
Google コンタクト
Google Drive
Google スプレッドシート
Google Tasks
Instagram
LMS365
メール
Microsoft To-Do (Business)
Microsoft Translator
MSN天気
Muhimbi PDF
Notifications
Office 365 グループ
Office 365 Outlook
Office 365 ユーザー
OneDrive
OneDrive for Business
OneNote (Business)
Outlook タスク
Outlook.com
Planner
Plumsail Documents
Plumsail SP
Power Automate Management
Project Online
RSS
SendGrid
SFTP - SSH
SharePoint
Slack
Smartsheet
SMTP
Survey123

テキスト分析
Todoist
Trello
Twilio
Twitter
Wunderlist
Yammer
10to8 Appointment Scheduling (Preview)
Act! (Preview)
Ahead (Preview)
Appfigures (Preview)
AtBot Admin (Preview)
Basecamp 2 (Preview)
Basecamp 3 (Preview)
Bing Maps (Preview)
Bing Search (Preview)
Bitly (Preview)
Blogger (Preview)
bttn (Preview)
Buffer (Preview)
Campfire (Preview)
Cloud PKI Management (Preview)
Cognito Forms (Preview)
Computer Vision API (Preview)
Content Conversion (Preview)
Content Moderator (Preview)
Custom Vision (Preview)
Disqus (Preview)
Elastic Forms (Preview)
ElasticOCR (Preview)
Expiration Reminder (Preview)
Face API (Preview)
Form Recognizer (Preview)
GoFileRoom (Preview)
HipChat (Preview)
Inoreader (Preview)
Insightly (Preview)
Instapaper (Preview)
Intercom (Preview)
K2 Workflow (Preview)
LinkedIn V2 (Preview)
LUIS (Preview)
Medium (Preview)
Microsoft Forms Pro (Preview)
Microsoft Kaizala (Preview)
Microsoft School Data Sync (Preview)

Microsoft Teams (Preview)
NetDocuments (Preview)
Office 365 ビデオ (Preview)
Outlook Customer Manager (Preview)
PagerDuty (Preview)
Parserr (Preview)
Pinterest (Preview)
Pivotal Tracker (Preview)
Plumsail Forms (Preview)
Plumsail HelpDesk (Preview)
Power Apps for Admins (Preview)
Power Apps for Makers (Preview)
Power Apps Notification (Preview)
Power Automate for Admins (Preview)
Power BI (Preview)
Power Platform for Admins (Preview)
ProjectWise Design Integration (Preview)
QnA Maker (Preview)
Redmine (Preview)
Rencore Code (Preview)
Security Center Alert (Preview)
Security Center Recommendation (Preview)
Skype for Business Online (Preview)
Soft1 (Preview)
SparkPost (Preview)
Toodledo (Preview)
Typeform (Preview)
Video Indexer (V2) (Preview)
Vimeo (Preview)
WebMerge (Preview)
WordPress (Preview)

プレミアムに分類されるコネクタ

Azure Application Insights
Azure Automation
Azure Blob Storage
Azure コンテナーインスタンス
Azure Data Factory
Azure Data Lake
Azure DevOps
Azure File Storage
Azure Key Vault
Azure キュー
Azure ADを使用したHTTP
Common Data Service
Common Data Service (current environment)
DB2
Dynamics 365
Dynamics 365 for Fin & Ops
Dynamics 365 Sales Insights
Event Hubs
HTTP with Azure AD
JIRA
JotForm Enterprise
LiveTiles Bots
MailChimp
Mandrill
Microsoft Defender ATP
Oracle Database
Salesforce
Service Bus
ServiceNow
SQL Server
Teradata
Traction Guest
UI flows
Word Online (Business)
WorkPoint
}exghts gen. Document & more (Preview)
Acumatica (Preview)
Adobe Creative Cloud (Preview)
Agilite (Preview)
airSlate (Preview)
Ally (Preview)
Amazon Redshift (Preview)
Apache Impala (Preview)
AppsForOpsTimeline (Preview)
Aquaforest PDF (Preview)
Aweber (Preview)
Azure Data Explorer (Preview)

Azure IoT Central (Preview)
Azure ログ分析 (Preview)
Azure Log Analytics Data Collector (Preview)
Azure Monitor Logs (Preview)
Azure Resource Manager (Preview)
Benchmark Email (Preview)
Bitbucket (Preview)
Business Central (Preview)
Business Central (on-premises) (Preview)
CandidateZip Resume/Job Parser (Preview)
Capsule CRM (Preview)
Casper365 for Education (Preview)
Chainpoint (Preview)
Chatter (Preview)
Cisco Webex Meetings (Preview)
Cloud Connect Studio (Preview)
Company Connect (Preview)
Connect2All (Preview)
Corda Blockchain (Preview)
D7SMS (Preview)
Data8 Data Enrichment (Preview)
DBF2XML (Preview)
Derdack SIGNL4 (Preview)
DocFusion365 – SP (Preview)
Docparser (Preview)
Document Merge (Preview)
DocumentsCorePack (Preview)
DocuSign (Preview)
Dynamic Signal (Preview)
Dynamics 365 Customer Insights (Preview)
Dynamics NAV (Preview)
Easy Redmine (Preview)
Easyvista Self Help (Preview)
EasyVista Service Manager (Preview)
Egnyte (Preview)
Elfsquad Product Configurator (Preview)
emfluence Marketing Platform (Preview)
Enadoc (Preview)
Envoy (Preview)
Ethereum Blockchain (Preview)

Eventbrite (Preview)
EXPOCAD (Preview)
FireText (Preview)
FlowForma (Preview)
FreshBooks (Preview)
Freshservice (Preview)
GoToMeeting (Preview)
GoToTraining (Preview)
GoToWebinar (Preview)
Harvest (Preview)
HelloSign (Preview)
HotProfile (Preview)
Huddle (Preview)
iAuditor (Preview)
Imprezian360-CRM (Preview)
Industrial App Store (Preview)
Infobip (Preview)
Informix (Preview)
Infusionsoft (Preview)
Integrable PDF (Preview)
Invoicing & IPN, by www. entegrations.io (Preview)
JungleMail 365 (Preview)
kintone (Preview)
KnowledgeLake (Preview)
LeadDesk (Preview)
LeanKit (Preview)
LiveChat (Preview)
MailParser (Preview)
Marketing Content Hub (Preview)
Marketo (Preview)
Metatask (Preview)
Microsoft Graph Security (Preview)
Microsoft Translator V2 (Preview)
Mitto (Preview)
MobilyWS (Preview)
ModuleQ (Preview)
Mtarget SMS (Preview)
MySQL (Preview)
Nexmo (Preview)
Objective Connect (Preview)
OneBlink (Preview)
OpenText CS by One Fox (Preview)
OptiAPI (Preview)
Parseur (Preview)
Partner Center Events (Preview)

Partner Center Referrals (Preview)	Seismic (Preview)	Telephony Xtended Serv Interf (Preview)
PDF4me (Preview)	Sendmode (Preview)	TeleSign SMS (Preview)
Pipedrive (Preview)	Serverless360 BAM & Tracking (Preview)	TRIGGERcmd (Preview)
Pitney Bowes Data Validation (Preview)	SerwerSMS (Preview)	Trustual (Preview)
Pitney Bowes Tax Calculator (Preview)	ShareEffect Managed Metadata (Preview)	TxtSync (Preview)
Plivo (Preview)	Short URL (Preview)	UserVoice (Preview)
PoliteMail (Preview)	SigningHub (Preview)	Vantage365 Imaging (Preview)
PostgreSQL (Preview)	SignNow (Preview)	Vena ETLs (Preview)
Priority Matrix (Preview)	SignRequest (Preview)	Way We Do Integration API (Preview)
Projectum Present It (Preview)	Slascone (Preview)	Webex Teams (Preview)
Projectwise Share (Preview)	Smarp (Preview)	Witivio (Preview)
Pushcut (Preview)	SOLYP (Preview)	Workday HCM (Preview)
RegoLink for Clarity PPM (Preview)	Stormboard (Preview)	Xooa Blockchain Database (Preview)
Rencore Governance (Preview)	Stripe (Preview)	Xooa Blockchain Smart Contract (Preview)
Robolytix (Preview)	SurveyMonkey (Preview)	Yeelight (Preview)
SAP ERP (Preview)	Tago (Preview)	Zahara (Preview)
Scrive eSign (Preview)	Tallyfy (Preview)	Zendesk (Preview)
SeekTable (Preview)	Tdox (Preview)	zReports (Preview)
	Teamwork Projects (Preview)	

各種データベースやサービスと接続を行い、アプリのデータソースとするために利用するコネクタは、接続やデータのやりとりを行うAPIを利用しやすいように定義されたものです。またPower AppsだけではなくPower AutomateやLogic Appsで共通で利用できるよう提供されています。現時点でプレビューのものを含めると300以上提供されており、さまざまなデータソースへの接続が行えます。上記の一覧はPower Appsで利用できるコネクタのみであり、Power AutomateやLogic Appsのみで利用できるものは含めていません。またコネクタ名に（Preview）と記載があるものは、本書の執筆時点でプレビューとして提供されているものです。

アプリへのデータソースの追加

　ここではキャンバスアプリにデータソースを追加する方法を解説します。例として、テーブル形式のデータを扱うデータソースに第3章と第4章で利用したOneDrive for Business内のExcelを利用し、アクションを提供するデータソースにAzure ADを利用します。

※ ここで解説に利用するコネクタは、両方ともスタンダードのコネクタです。

空白のアプリを作成

❶
Power Apps 画面を開き［アプリ］をクリックする。

❷
［新しいアプリ］－［キャンバス］をクリックする。

▶別タブでPower Apps Studioが開く。

❸
［空のアプリ］－［タブレットレイアウト］をクリックする。

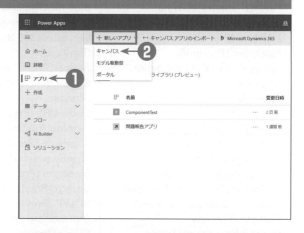

ヒント

キャンバスアプリのレイアウト

第2章では［OneDrive for Business］－［携帯電話レイアウト］を利用してキャンバスアプリ作成を行いました。この場合、アプリ作成時に接続するデータソースを選択することで、3つの画面が既定で作成された状態でアプリ作成が行えました。［空のアプリ］を選択した場合、空白状態からアプリ作成が行えます。また携帯電話レイアウトだけではなく、タブレットレイアウトも選択できます。

❹
空白状態からアプリ作成を行う画面が開く。

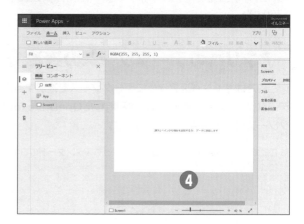

ポイント　画面サイズの変更

　［ファイル］メニューの［設定］内にある［画面のサイズと向き］より、アプリ画面のサイズや向きの設定が行えます。既定サイズから画面サイズを変更する場合、画面内にコントロールを配置する前に行うことをおすすめします。

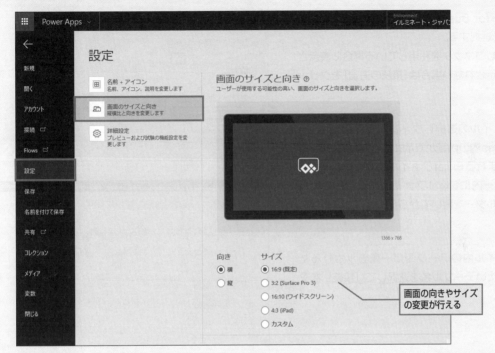

OneDrive for Business との接続を追加

　第3章と第4章でも利用したOneDrive for Business内のExcelデータをデータソースとして追加します。テーブル形式でデータが扱われるため、接続を作成後、データソースの内容をデータテーブルに表示してみましょう。

> ここで説明する手順を行うには第3章で利用したExcelファイルが必要です。第3章の「2　Excelでのデータソースの作成」を参照してください。

❶

データソース一覧を開く。

※空白からアプリを作成したため、アプリ内にデータソースはまだない。

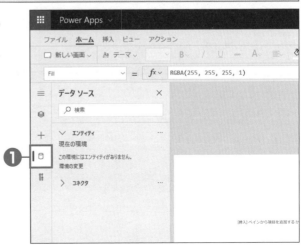

②
コネクタを展開し ［OneDrive for Business］を選択する。

③
［OneDrive for Business（自分のメールアドレスが表示）］を選択する。

※以前に同じコネクタを利用している場合に表示される。表示されない場合は ［接続の追加］をクリックする。

④
［Excel ファイルの選択］ウィンドウに OneDrive for Business 内の内容が表示されるため、接続するデータが含まれる Excel ファイルを選択する。

※フォルダー内に Excel ファイルを保存した場合は、フォルダーを開いてから Excel ファイルを選択する。

⑤
Excel ファイル内のテーブルが一覧表示されるため、接続したいテーブル名を選択して ［接続］をクリックする。

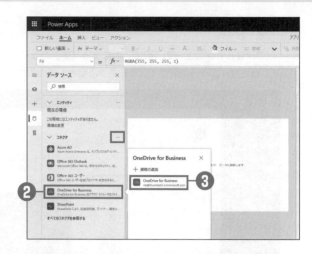

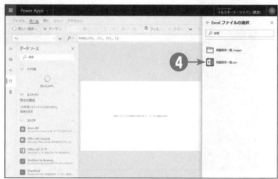

⑥

アプリ内に接続が追加されたことが確認できる。

⑦

ツリービューに戻る。

⑧

データソースの内容をデータテーブルに一覧表示する

[挿入] タブの [データテーブル] をクリックし、Screen1内にデータテーブルを挿入する。

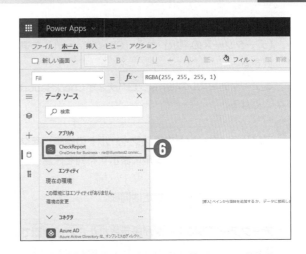

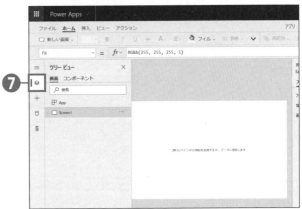

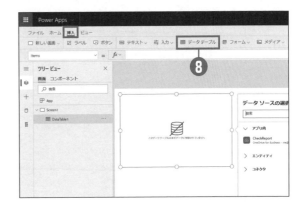

⑨
[データソースの選択] から [CheckReport] を選択する。

▶データテーブルのItemsプロパティがCheckReport になる。

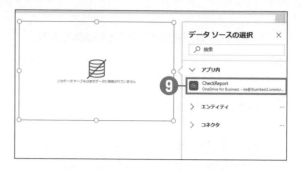

⑩
プロパティウィンドウで [フィールドの編集] をクリックし、データテーブルに表示する列を任意に追加する。
※ギャラリーの場合と設定は同様。

⑪
データテーブルにデータが表示されたことが確認できる。

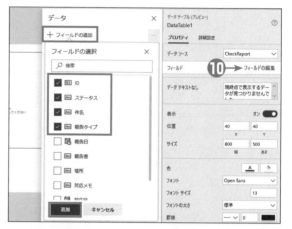

Azure AD との接続を追加

　次にテーブル形式のデータ操作ではなく、値の取得や操作を行うアクションを提供するデータソースの例として Azure AD への接続を追加します。また Azure AD コネクタの利用例を、次の機能を画面内に追加しながら解説します。

- 指定したグループ内のメンバー情報を一覧表示する
- アプリ利用者が指定したグループのメンバーの場合のみ、ボタンを表示する

❶ データソース一覧を開く。

❷ コネクタを展開し、［Azure AD］を選択する。
※一覧に表示されない場合は［すべてのコネクタを参照する］をクリックし、表示数を増やす。

❸ ［接続］をクリックする。

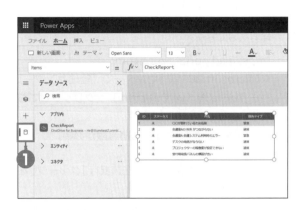

ヒント

Azure AD コネクタの利用

Azure AD コネクタを利用するには組織の管理者による許可が必要です。組織の管理者は Azure AD コネクタを利用した接続を追加する際に表示されるサインイン画面で、サインインを行った後、次のような画面が表示されます。［組織の代理として同意する］をオンにして［承諾］をクリックし、接続を追加します。

④
アプリ内に接続が追加されたことが確認できる。

⑤
ツリービューに戻る。

⑥
Azure Active Directory管理センターでOffice 365グループのIDを調べる

ブラウザーの別タブで、Azure Active Directory管理センターを開く。

https://aad.portal.azure.com/

※Microsoft 365管理センターで［管理センター］
－［Azure Active Directory］をクリックしてもよい。

※この操作にはテナント管理者権限が必要。

⑦
［Azure Active Directory］を選択し［グループ］をクリックする。

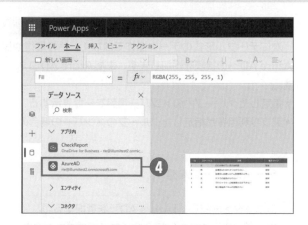

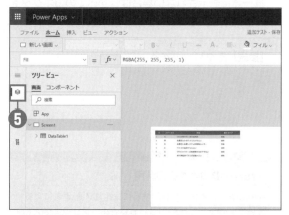

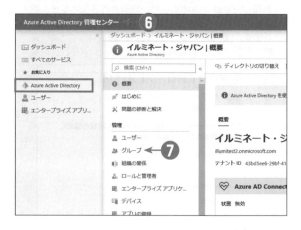

ヒント

同様のコネクタ例

第4章の「10　メール送信機能」で利用したOffice 365 Outlookコネクタも、Azure ADコネクタと同様に値の取得や操作を提供するタイプのコネクタです。

⑧
テナント内のグループが一覧表示されるため、利用したいグループの［オブジェクトID］をコピーしておく。

※Office 365グループでもセキュリティグループでもどちらでもかまわない。

⑨
指定したグループ内のメンバーをギャラリーに一覧表示する

Power Apps Studioに戻り、［挿入］タブの［ギャラリー］－［縦方向（空）］をクリックしてScreen1内にギャラリーを挿入する。

※挿入したギャラリーのサイズや位置は任意に調整する。

⑩
ギャラリーのItemsプロパティを次のように設定する（下線部は実際の値に置き換える）。

```
AzureAD.GetGroupMembers("手順⑧でコピーし
たグループのID").value
```

⑪
プロパティウィンドウで次の設定を行い、ギャラリーに表示する列を任意に追加する。

● ［レイアウト］に［タイトルとサブタイトル］を指定

● ［編集］をクリックし、表示する列として［mail］と［displayName］を指定

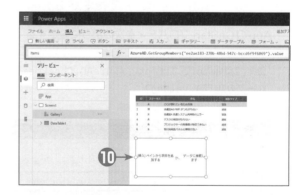

⑫ IDにより指定したグループメンバーが、ギャラリー内に一覧されたことが確認できる。

⑬ グループメンバーにのみ表示されるコントロールを追加する

[挿入] タブの [ボタン] をクリックし、Screen1内にボタンを挿入する。

※挿入したボタンのサイズや位置、Textプロパティは任意に調整する。

⑭ AppのOnStartプロパティを次のように設定する（下線部は実際の値に置き換える）。

```
Set(IsMember, IsEmpty(AzureAD.CheckMemberGroupsV2(User().Email, ["手順⑧でコピーしたグループのID"]).value))
```

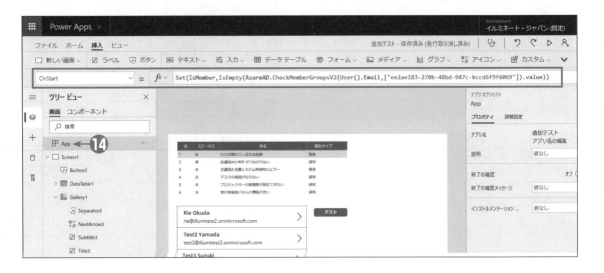

⑮
ボタンのVisibleプロパティを次のように設定する。

```
!IsMember
```

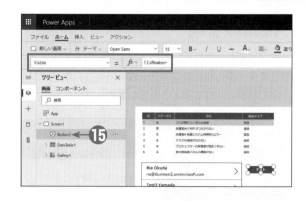

ヒント

アプリの**OnStart**プロパティ

アプリは次の一連の流れをへて開始されます。

① ユーザー認証
② アプリの初期化（OnStartプロパティを実行）
③ 画面をレンダリング

OnStartプロパティはアプリの初期設定が行えます。ここではグループメンバーかどうかを確認する操作を追加しています。

指定したグループメンバーかどうかを確認

手順⑭ではAzure ADコネクタが提供する**CheckMemberGroupsV2関数**を利用し、アプリ利用ユーザーが指定したグループメンバーであるかどうかを確認しています。グループメンバーではない場合、戻り値はありません。これをIsEmpty関数で値が含まれるかどうかを確認し、IsMember変数に格納しました。グループメンバーではない場合、IsMember変数はtrueとなり、グループメンバーの場合、IsMember変数はfalseとなります。IsMember変数の値を利用すれば、メンバーかどうかでコントロールの表示制御が行えます。手順⑮ではボタンのVisibleプロパティに利用しました。
ここで解説した手順を行ったアプリを発行して実行すると、次のようにグループメンバーかどうかによってボタンの表示が異なる動作となります。

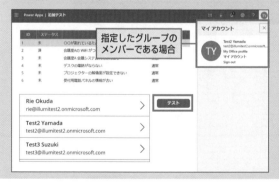

ポイント　**アプリ内に含めるデータソースの数に注意**

　アプリで利用する接続が増えれば、各接続に対するサインインの実行数が増えます。またアプリからデータが要求されると、各コネクタでCPU、メモリ、またネットワークの帯域幅を利用します。アプリのパフォーマンスを考慮し、無駄な接続はアプリ内に含めないようにします。また1つのアプリ内に30以上の接続は避けることが推奨されています。30を超えるデータソースへの要求を頻繁に行った場合、アプリへデータを返すために15秒以上かかることもあります。

接続の管理

アプリで利用されているコネクタを利用するには、アプリ利用者が同じコネクタを利用して接続を作成する必要があります。ほとんどのコネクタは、共有されたアプリをユーザーがはじめて利用するときに、アプリ利用者に対して独自の接続を作成するよう要求します。

> アプリをはじめて実行するときに表示され、アプリ内で利用されているコネクタを許可する画面 該当するコネクタを利用した接続がない場合は、作成される

またアプリ作成時や利用時に作成した自分の接続は Power Apps 画面から確認できます。この画面で新しい接続を作成することも可能です。

コラム　カスタムコネクタ

　一般的に利用されている多くのデータに接続できるよう、標準で数多く（300以上）のコネクタが提供されています。また標準で用意されているコネクタでは接続できないサービスや自社で構築した独自サービスなどに接続したい場合には、カスタムコネクタの作成が可能です。HTTP REST APIをサポートしているサービスはカスタムコネクタを作成し接続が行えます。カスタムコネクタは環境内に保存され、その環境内で利用可能であり、Power Apps単体プランが必要です。

　Microsoft Graph APIはMicrosoft 365内のさまざまなデータにアクセスするためのAPIです。ユーザー、グループなどのAzure ADのデータから、カレンダーやメール、ファイルまでを、単一のエンドポイントからアクセスできるWeb APIです。標準で提供されているコネクタの中にもMicrosoft Graph APIを内部で利用しているものは、Azure ADコネクタをはじめ数多くあります。しかし標準コネクタでMicrosoft Graph APIで提供されているすべての機能がカバーされているわけではないため、標準コネクタでは含まれていない操作を利用したい場合Microsoft Graph APIを直接呼び出すことが可能です。このコラムではMicrosoft Graph APIの利用を例にカスタムコネクタの作成、利用方法を解説します。

Azure ADへのアプリ登録

❶Azure Active Directory管理センターを開く。
　https://aad.portal.azure.com/
　※Microsoft 365管理センターで［管理センター］
　　－［Azure Active Directory］をクリックしても
　　よい。
　※この操作にはテナント管理者権限が必要。

❷［Azure Active Directory］を開き、［アプリの登録］
　－［新規登録］をクリックする。

❸アプリケーションの登録画面で、次を設定して［登
　録］をクリックする。
　●名前：任意の名前
　●サポートされているアカウントの種類：任意の
　　アカウント設定を選択
　●リダイレクトURL：空白のまま

❹アプリが登録されるため、アプリケーション（ク
ライアント）IDをコピーしておく。

※クライアントIDはカスタムコネクタ作成時に
必要であるため、ひかえておく。

❺[APIのアクセス許可] −[アクセス許可の追加] を
クリックする。

❻[Microsoft Graph] を選択する。

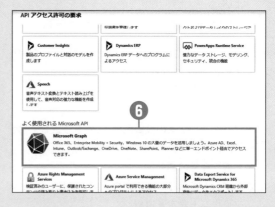

❼[委任されたアクセス許可]を選択し、利用を許可
したい操作を選択して[アクセス許可の追加]をク
リックする。

　※この画面ではGroup.Read.Allを選択している。
　　ここで追加した操作のみが利用可能となるた
　　め、アプリで利用したい操作を追加する。複数
　　の操作を追加してもよい。

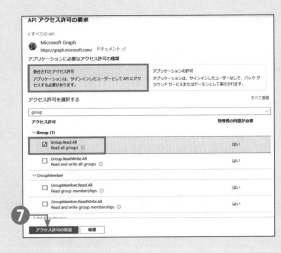

❽追加した操作によっては管理者の同意が必要であ
る場合がある。その場合は[組織名に管理者の同
意を与えます]をクリックする(下線部は環境に応
じて異なる)。

❾[証明書とシークレット]－[新しいクライアント
シークレット]をクリックする。

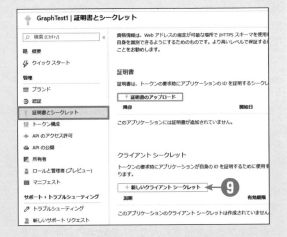

❿説明を任意に入力し、有効期限を選択して[追加]
をクリックする。

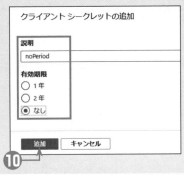

⓫新しいクライアントシークレットが作成されるので、値をコピーしておく。

※クライアントIDと同様にカスタムコネクタ作成時に必要であるため、ひかえておく。また画面を移動すると表示されないため、ここで必ずひかえておく。

※Azure Active Director管理センターはこの後の手順でまた利用するため、ブラウザーは開いたままとする。

カスタムコネクタの作成

❶Power Apps画面を開き、[カスタムコネクタ] を開く。

❷[カスタムコネクタの新規作成]−[OpenAPIファイルをインポートします]をクリックする。

※一から作成する方法やPostmanコレクションから作成する方法も利用可能。

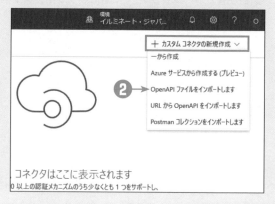

❸コネクタ名を任意に入力し、OpenAPIファイルをインポートして [続行] をクリックする。

> インポートするOpenAPIファイルは、ダウンロードサンプルに含まれています。[第6章]フォルダー内のMSGraphAPI.jsonファイルです。

❹[1. 全般] の設定内容を確認し、[2. セキュリティ] へ進む。
　●アイコン：任意の画像をアップロード可能
　●説明：任意に記入
　●スキーマ：[HTTPS] を選択
　●ホスト：「graph.microsoft.com」を指定

❺[2. セキュリティ] で認証タイプに [OAuth 2.0] を選択する。

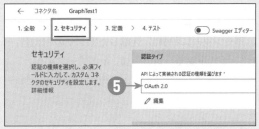

❻OAuth 2.0 の設定を次のように行う。
　●ID プロバイダー：[Azure Active Directory] を選択
　●Client id：ひかえておいたクライアント ID を入力
　●Client secret：ひかえておいたクライアントシークレット値を入力
　●Login URL：「https://login.windows.net」を指定
　●Resource URL：「https://graph.microsoft.com」を指定

❼［コネクタの作成］をクリックする。

❽コネクタが作成されたら、画面に表示されるリダ
イレクトURLをコピーする。
※右端に表示されるコピーアイコンをクリックする。
※リダイレクトURLは［2.セキュリティ］内に表示
される。

❾前の手順で開いておいたAzure Active Director管
理センターに移動し、登録したアプリの［認証］－
［プラットフォームを追加］をクリックする。

❿［Web］を選択する。

⓫コピーしたリダイレクトURLを貼り付け、[構成]
をクリックする。

※Azure Active Directory管理センターでの作業
は以上である。

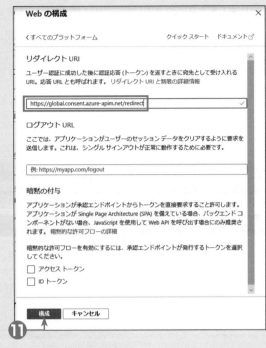

⓬Power Apps画面に移動し、[3.定義]の内容を確
認する。

※Graph APIが提供する操作から、カスタムコネ
クタで扱いたい操作がアクションとして定義さ
れている。これはインポートしたファイルに
よって設定されたサンプル内容であり、操作は
追加することができる。

⓭[4.テスト]内の[新しい接続]をクリックする。

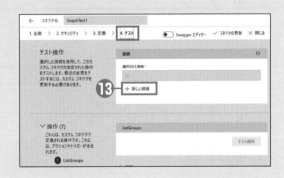

⑭[作成] をクリックする。

※サイン イン画面や許可画面が表示されるため、それぞれ操作を行う。

▶カスタムコネクタ、および接続が作成される。

カスタムコネクタの利用

アプリにカスタムコネクタを利用した接続を追加し、利用してみましょう。

2 オンプレミスデータゲートウェイ

Power Appsはクラウドサービスです。そのためクラウド上の各データソースへのアクセスがインターネット経由で行える点は容易にイメージできると思いますが、社内ネットワーク内のデータソースにはどのようにアクセスするのでしょうか。社内ネットワーク内にある各種データベース、SharePoint Serverなどのデータソースを利用してアプリ作成を行いたい場合、オンプレミスデータゲートウェイが必要です。オンプレミスデータゲートウェイは、オンプレミスデータとPower Apps間においてセキュリティで保護されたデータ転送を行うためのブリッジです。オンプレミスデータゲートウェイを利用することでSQL Server、SharePoint Server、Oracle、Informix、ファイルシステム、DB2といったオンプレミスデータへの接続が可能です。

オンプレミスデータゲートウェイを利用するためには、事前に社内の端末にインストールおよび構成を行う必要があります。インストールと構成作業は管理者によって行われる作業です。またオンプレミスデータゲートウェイは、Power AppsだけではなくPower AutomateやPower BIでも利用できます。

オンプレミスデータゲートウェイのインストールと構成

社内ネットワーク内の端末にオンプレミスデータゲートウェイをインストールします。接続先となるデータソースと同じ端末にインストールする必要はありません。

> **ヒント**
>
> **インストールの最小要件**
> - NET Framework 4.7.2以降
> - 64ビット版のWindows 8以降もしくはWindows Server 2012 R2以降
>
> **その他の考慮事項**
> また次の点もあわせて考慮が必要です。
> - 8コアのCPU、8GBのメモリを推奨
> - Windows Server 2012 R2以降を推奨
> - ドメインコントローラーにはインストールできない。
> - 常時稼働可能かつ有線での高速インターネット接続が利用できる端末へのインストールが推奨される。シャットダウン状態やスリープ状態にならないよう設定を行う。
> - ゲートウェイはAzure Service Busを経由した送信接続を利用するしくみとなっているため、通信は送信ポートTCP 443、5671、5672、9350-9354を利用。受信は必要ない。

❶ 次のWebサイトを開き、オンプレミスデータゲートウェイの [ダウンロード] をクリックしてインストーラーをダウンロードする。

https://powerapps.microsoft.com/ja-jp/downloads/

2 ダウンロードしたインストーラーを、インストールするマシン上で実行する。

3 使用条件に同意して［インストール］をクリックする。

4 インストールが完了するまで待つ。

5 インストール後、ゲートウェイを使用するメールアドレスを入力し、サインインする。

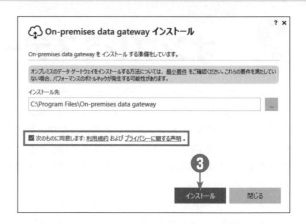

6

[このコンピューターに新しいゲートウェイを登録します] を選択し [次へ] をクリックする。

※既存のゲートウェイの移行や置き換えも設定できる。

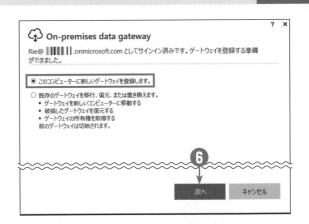

7

ゲートウェイの登録情報として次の項目を指定し、[構成] をクリックする。

●ゲートウェイの名前

●回復キー：8文字以上で任意に指定する。ゲートウェイを復元、移行する際に必要なため、指定した内容は保管しておく。

8

構成が完了する。

⑨
Power Apps画面の［ゲートウェイ］で登録した
ゲートウェイが確認できる。

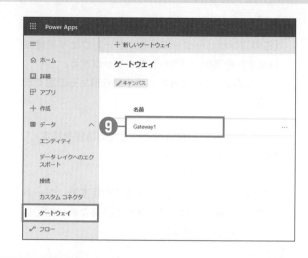

ゲートウェイを利用したデータソースの追加

オンプレミスデータゲートウェイを利用したデータソースの追加方法を説明します。

SQL Server への接続

①
Power Apps Studioでデータソース一覧を開く。

②
コネクタを展開し、［SQL Server］を選択する。
※一覧に表示されない場合は［すべてのコネクタを
　参照する］をクリックし、表示数を増やす。また
　検索も可能。

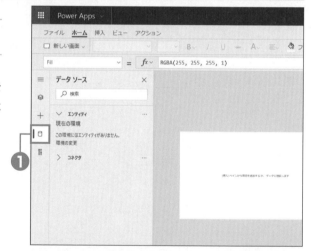

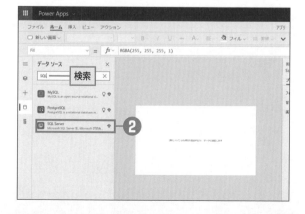

❸

認証の種類を選択し、接続情報を設定して［接続］
をクリックする。
- ●SQLサーバー名
- ●SQLデータベース名
- ●ユーザー名とパスワード
- ●ゲートウェイの選択（画面下部に表示される）

❹

テーブル名が一覧表示されるため、接続したいテー
ブルを選択して［接続］をクリックする。

❺

アプリ内にデータソースが追加される。

SharePoint Server への接続

①
Power Apps Studioでデータソース一覧を開く。

②
コネクタを展開し、[SharePoint]を選択する。

※一覧に表示されない場合は[すべてのコネクタを
　参照する]をクリックし、表示数を増やす。また
　検索も可能。

③

[オンプレミスデータゲートウェイを使用する接続]を選択し、認証の種類や接続情報を設定して[接続]をクリックする。

● 認証の種類

● ユーザー名とパスワード：SharePoint Serverにアクセスできるアカウント

● ゲートウェイの選択：構成したゲートウェイ名を選択

④

接続先のSharePointサイトのURLを指定し、[接続]をクリックする。

⑤

指定したサイト内のリストが一覧表示されるため、接続したいリストを選択して[接続]をクリックする。

⑥

アプリ内にデータソースが追加される。

3 キャンバスアプリでのデータソース操作

　キャンバスアプリでのデータソース操作を行う際に、あわせて知っておくべき内容としてコレクションの操作、およびデータソースでの委任について解説します。

コレクションの操作

　キャンバスアプリにおいて、アプリ実行中に値を保持したい場合には変数とコレクションを利用します。変数にはアプリ全体で利用できるグローバル変数と、特定の画面内で利用できるコンテキスト変数の2種類が用意されています（第4章で解説済み）。また、テーブル構造や繰り返されるデータを保持したい場合にはコレクションを利用します。

　コレクションを扱う際に利用する基本的な関数は次のとおりです。

関数	説明
Collect 関数	コレクションを作成する際やコレクションにレコードを追加する際に利用します。指定したデータソースにレコードを追加する際にも利用する関数ですが、指定したデータソースが存在しない場合はコレクションが作成されます。 Collect 関数は OnStart、OnSelect、OnVisible など、「On」で始まる動作の数式内でのみ利用が可能です。
Clear 関数	コレクション内のすべてのレコードを削除します。Clear 関数も動作の数式内でのみ利用が可能です。
ClearCollect 関数	コレクションからすべてのレコードを削除し、レコードを追加します。コレクションの初期化に利用されることが多く、動作の数式内でのみ利用が可能です。
Patch 関数	データソースやコレクションに対してレコードの変更を行う関数です。 コレクションではレコードの更新時によく利用されます。
Remove 関数 RemoveIf 関数	データソースやコレクションからレコード削除を行う関数です。

> ここでの解説内容を確認できるアプリのエクスポートファイルがダウンロードサンプルに含まれています。[第6章] フォルダー内の Collection.zip です。第5章で解説したアプリのインポート手順でご利用の環境にインポートし、内容を確認できます。また、インポートしたアプリで利用するデータソースは同じフォルダー内にある Collection.xlsx です。OneDrive for Business に保存して利用します。

① コレクションの作成とレコード追加

　次ページの画面のようなアプリで［追加］ボタンを押したとき、コレクションを作成してレコードを新規で追加する場合、ボタンの OnSelect プロパティに次のように設定します。

```
Collect(FacilityCol, {使用者:txtUserName.Text,
使用場所:cmbPlace.Selected.Value, 使用日:dateUseDate.SelectedDate,
目的:txtPurpose.Text})
```

　［使用者］［使用場所］［使用日］［目的］の各列を持つ FacilityCol という名前のコレクションに、各入力コントロールで入力された内容を利用してレコードを1つ新規で追加しています。アプリ内に FacilityCol という名前のデータソースもしくはコレクションが存在しない場合は、コレクションの作成をあわせて行います。

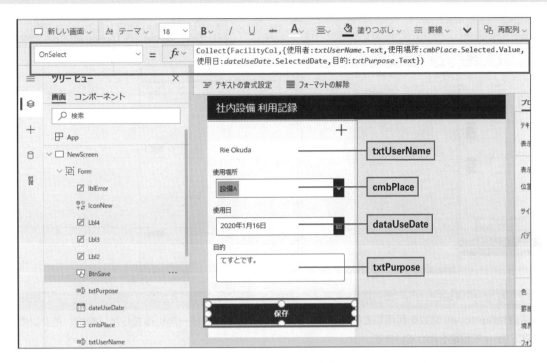

Power Apps Studioでアプリ作成中にコレクションの内容を確認するには［ファイル］－［コレクション］を開きます。

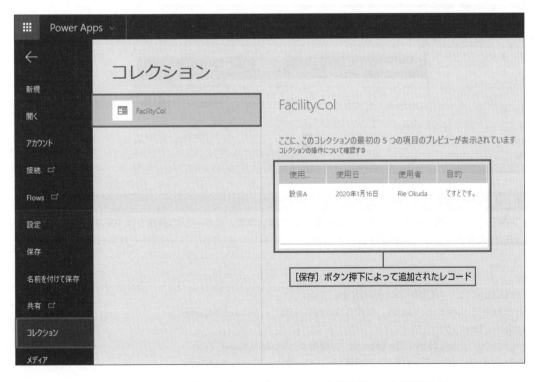

コレクションはデータソースと同様の設定で、ギャラリーに表示することも可能です。

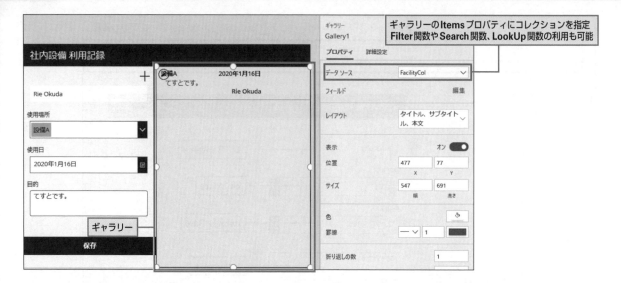

② コレクションからのレコード削除

　Remove関数やRemoveIf関数を利用して行えます。次の画面ではギャラリー内に追加した［削除］ボタンの OnSelectプロパティで設定を行っています。

```
Remove(FacilityCol, ThisItem)
```

③ コレクション内のレコード更新

　コレクション内のレコードを更新する際にはPatch関数を利用します。次ページの画面では［保存］ボタンにより、 フォームに入力した内容で該当レコードを更新しています。

```
If(newForm,
Collect(FacilityCol, {使用者:txtUserName.Text,
使用場所:cmbPlace.Selected.Value, 使用日:dateUseDate.SelectedDate,
目的:txtPurpose.Text}),
Patch(FacilityCol, Gallery1.Selected, {使用者:txtUserName.Text,
使用場所:cmbPlace.Selected.Value, 使用日:dateUseDate.SelectedDate,
目的:txtPurpose.Text})
)
```

※レコードを新規で追加するか、既存レコードを更新するかどうかは、変数newForm（Boolean型）を利用して判別しています。newForm
変数は図のように、［＋］アイコンと［編集］ボタンのOnSelectプロパティで設定しています。

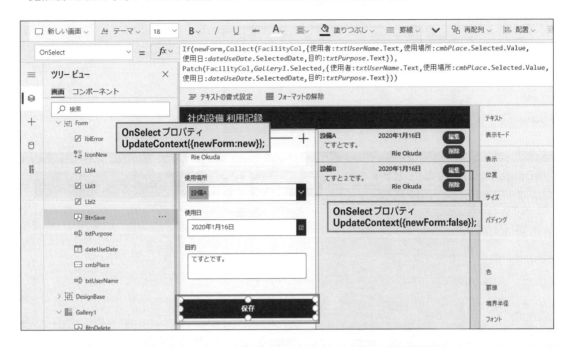

④ データソースをコレクションに格納

コレクションにはデータソースを格納することが可能です。アプリ起動時や画面開始時など、必要なタイミングで、データソースから取得した必要なデータをコレクションに格納し、アプリ内で利用できます。

● 参照のみ行うデータソースをアプリ開始時にコレクションに格納する

アプリのOnStartプロパティで、ClearCollect関数やCollect関数を利用して、データソースの内容をコレクションに格納します。

```
ClearCollect(コレクション名, データソース)
```

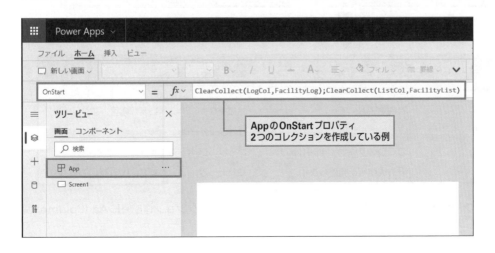

また複数のデータソースを読み込む場合に、同時実行を行いたい場合はConcurrent関数をあわせて利用します。並列で実行することで、実行に必要な時間を減らす効果が見込めます。

● **複数データソースの内容を結合してコレクションに格納して利用する**

FacilityLog

使用者	使用場所	使用日	目的
TestA	イベントホール	2020年1月11日	イベントに利用
TestB	会議室B	2020年1月12日	社内勉強会にて
TestA	イベントホール	2020年1月11日	イベントに利用
TestC	オープンスペース	2020年1月12日	○○○○のため、利用します
TestB	研修センター	2020年1月13日	社外説明会を開催します。

FacilityList

設備名	説明
会議室A	30名収容可、テレビ会議システム
会議室B	15名収容可、スクリーン
イベントホール	50名、音響システム
研修センター	20名、PC、プロジェクター
オープンスペース	オンライン配信機材

使用日	使用者	目的	使用場所	設備一覧
2020年1月11日	TestA	イベントに利用	イベントホール	50名、音響システム
2020年1月12日	TestB	社内勉強会にて	会議室B	15名収容可、スクリーン
2020年1月11日	TestA	イベントに利用	イベントホール	50名、音響システム
2020年1月12日	TestC	○○○○のため、利用します	オープンスペース	オンライン配信機材
2020年1月13日	TestB	社外説明会を開催します。	研修センター	20名、PC、プロジェクター

このように2つのテーブルを結合した結果をコレクションとしたい場合、コレクション作成時にAddColumns関数を利用して行えます。

```
ClearCollect(LogCol,
AddColumns(FacilityLog, "設備一覧", LookUp(FacilityList, 設備名=使用場所)))
```

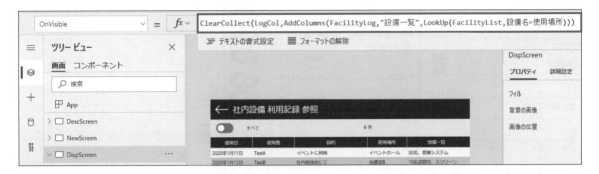

　コレクションを確認すると、AddColumns関数で追加した列は次のように表示され、クリックすると結合された内容が確認できます。

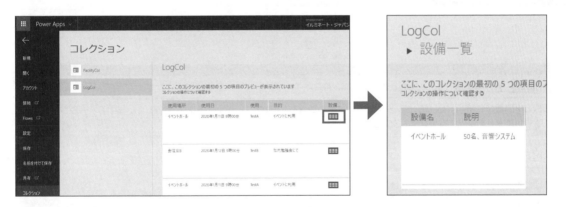

⑤ コレクションの内容をデータソースに書き込む

　先ほどはデータソースをコレクションに格納する方法を説明しましたが、コレクションに格納したデータをデータソースに書き込むことも可能です。たとえば一度の利用時に何件ものレコードをデータソースに書き込むようなアプリがあったとしてください。1レコードずつ書き込むこともできますが、コレクションに追加してから最後にまとめてデータソースを更新するほうが、データソースに対する書き込み操作をその都度行うことなく、快適なアプリ利用にもつながるでしょう。

　コレクション内の複数レコードに対して操作を行うときはForAll関数を利用します。ForAll関数はすべてのレコードに対して数式を実行します。

　次ページの画面では［データソースに登録］ボタンのOnSelectプロパティで実行しています。

```
ForAll(FacilityCol,
Patch(FacilityLog, Defaults(FacilityLog),
    {使用場所:使用場所, 使用日:使用日, 使用者:使用者, 目的:目的}))
```

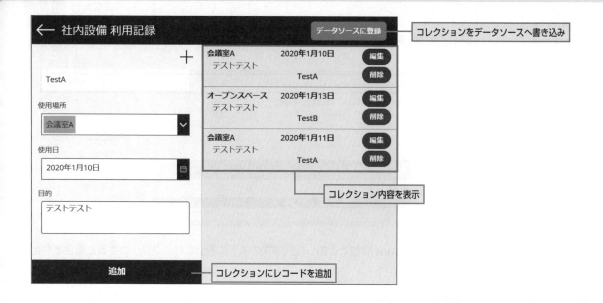

ヒント

Patch関数とエラー処理

例ではForAll関数でFacilityColコレクション内のすべてのレコードに対して、Patch関数を実行しています。データソースに対して新規レコードを作成する場合は、次のように記述します。

```
Patch(データソース, Defaults(データソース), {列名: 値 [, …]})
```

新規ではなく既存データを更新する場合は、次のようになります。

```
Patch(データソース, First(Filter(データソース, ID=1)), {列名: 値 [, …]})
```

既存データをまとめて更新する場合は、アプリでの作業中に他のユーザーがデータソースの該当レコードに対して変更を行っている可能性もある点も考慮した上で、慎重にアプリ設計を行うよう注意してください。
またデータソースへの更新時にはネットワーク障害、アクセス許可の問題、編集の競合などエラーとなる原因は多くあげられます。Patch関数はエラーを直接返しません。そのため操作の結果確認はErrors関数を用いて行います。Errors関数はデータソースに対する変更時の直前のエラーを得られます。エラーが含まれるかどうかを判断するにはIsEmpty(Errors(…))のようにすれば確認可能です。エラーかどうかを画面に表示したい場合、エラー表示用の画面を作成して表示してもよいですし、次図のように画面上部にバナーメッセージを用いて表示することも可能です。

```
If(IsEmpty(Errors(FacilityLog)),
Notify("登録完了しました", NotificationType.Success),
Notify(First(Errors(FacilityLog)).Message, NotificationType.Error))
```

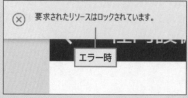

委任

アプリに必要なデータを最小限にとどめることは、効率的に動作するアプリを作成するための重要なポイントです。実際にデータソースに何万件というデータが格納されていたとしても、アプリ内で必要なデータは一部であることがほとんどではないでしょうか。Power Appsはモバイル端末で利用することも考慮されたプラットフォームです。そのため大量のデータ通信を行わないよう、アプリ内に取得されるレコード数は既定で500とされており、最大で2000まで設定変更が可能です。

大規模なデータソースを利用する場合には委任というしくみが用意されており、これを利用します。委任とはデータのフィルターや検索、集計操作をアプリ内で行わず、データソース側で行うことをさします。委任を利用することで、アプリ内で処理できるレコード数をこえた大量のデータが含まれるデータソースが扱えます。委任可能なデータソースは決まっており、またサポートされる関数もデータソースによって異なります。

- **委任が利用できるデータソース**
  - SQL Server
  - SharePoint
  - Common Data Service
  - Dynamics 365
  - Salesforce

- **委任をサポートする関数**

委任をサポートする関数はデータソースによって内容が異なります。次のフィルター関数、並べ替え関数、集計関数がサポートされており、サポートしない関数を利用している数式はアプリ内で処理されます。

	Common Data Service	SharePoint	SQL Server	Dynamics 365	Salesforce
Filter	○	○	○	○	○
Search	○（文字列のみ）	×	○	○	○
LookUp	○	○	○	○	○
Sort	○	○	○	○	○
SortByColumns	○	○	○	○	○
Sum	○[※1]	×	○	×	×
Average	○[※1]	×	○	×	×
Min	○[※1]	×	○	×	×
Max	○[※1]	×	○	×	×

※1：集計関数はレコード数が50000に限定されている。

また Filter 関数、LookUp 関数で委任できる述語もデータソースによって異なります。

	Common Data Service	SharePoint	SQL Server	Dynamics 365	Salesforce
Not	○	×	○	○	○
IsBlank	×	×	○	○	×
TrimEnds	×	×	○	×	×
Len	×	×	○	×	×
+、−	×	×	○	×	×
=	○	○	○	○	○
<、<=、<>、>、>=	○	○（数値列のみ、ID列は不可）	○	○	○

次ページに続く

	Common Data Service	SharePoint	SQL Server	Dynamics 365	Salesforce
And、Or、Not	×	○（Not以外）	○	○	○
&&、‖、!	○	○（!以外）	○	○	○
In	×	×	○	×	○
StartsWith	×	○	×	×	×

委任できないデータソースの場合

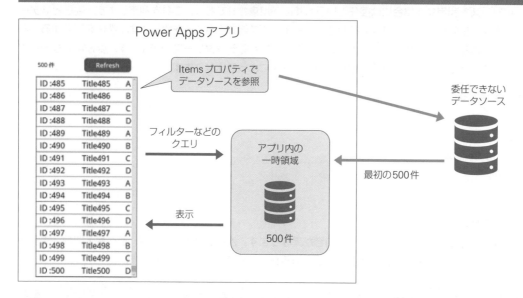

　アプリで扱えるレコード数（既定値は500で、2000まで変更可能）に依存し、最初の500件のみがアプリに返されます。フィルター関数を利用している場合も、フィルター条件に一致する500件ではなく、データソース内の最初の500件となります。フィルター関数はアプリ内で実行されるため、アプリに返された500件のうち、条件に合う結果が、ギャラリーなどのコントロールに表示されます。たとえばExcelは委任に対応したデータソースではありません。そのため大量のデータが含まれている場合は最初の500〜2000件がアプリで扱えるデータとなります。

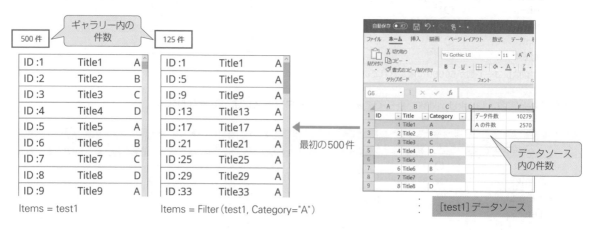

委任可能なデータソースの場合

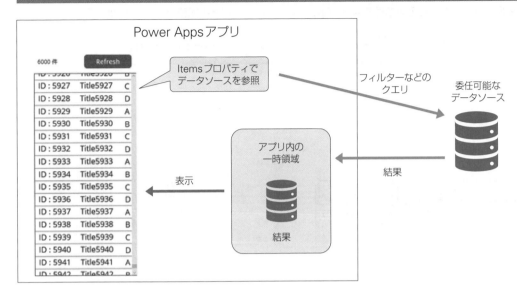

数式内のフィルター関数はデータソース側で実行され、必要な結果がアプリに返されます。委任を利用することで大量のデータが含まれるデータソースを扱うことができます。また必要なデータのみ絞り込みを行う、先頭のレコードセットを取得し必要に応じて次のレコードセットを表示するなどの設定も可能なことから、アプリの応答速度といったパフォーマンスを考慮したアプリ設計が可能です。レコード数を絞り込むことでアプリ内の動作、ネットワーク帯域幅を削減できるため、ネットワーク状態がよくないモバイル端末で実行する際にもストレス少なく利用できるアプリが作成できます。

委任可能なデータソースに対してサポートされない関数を利用した場合

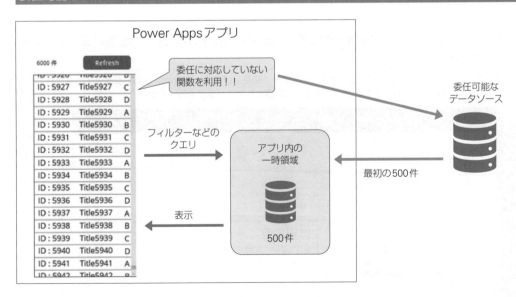

委任可能なデータソースの場合にも、利用する関数や述語は異なるため注意が必要です。委任できない関数や述語を利用した場合は、委任できないデータソースと同様にアプリ内で処理されます。

　たとえば SharePoint データソースを利用する場合、Filter 関数と LookUp 関数は委任をサポートしますが、Search 関数は委任できません。その場合は Power Apps Studio で次のように警告メッセージが表示されます。

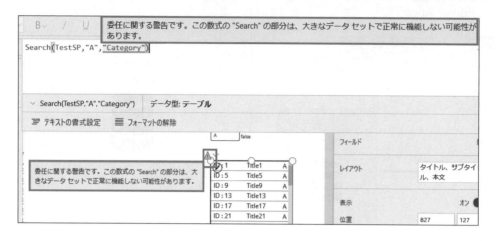

委任できない場合のレコード数制限

アプリ内で処理できるレコード数の既定値は 500 で、最大で 2000 まで変更可能です。既定値の 500 を変更するには、［ファイル］メニューから［設定］を開き［詳細設定］内で行います。この設定はアプリ単位で行えます。

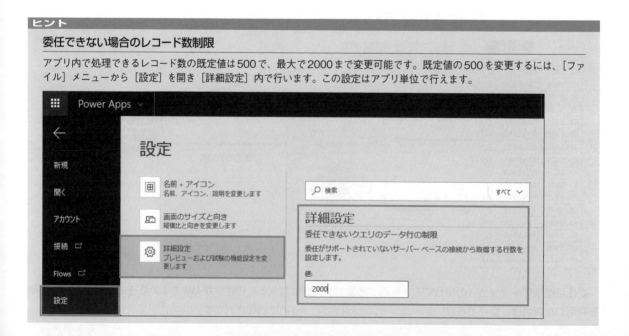

Common Data Serviceの利用

第 7 章

Common Data Service はPower Apps で利用できるデータストレージです。この章ではCommon Data Serviceの概要、および Common Data Service を利用したアプリ作成方法を解説します。

1 Common Data Service

Common Data ServiceはPower Platformで提供されるしくみのひとつであり、ビジネスアプリケーションで利用されるデータを格納できるデータストレージです。データベースのテーブルに相当するエンティティ内にデータを格納し、エンティティ間でのリレーションも可能です。またCommon Data Serviceにはよく利用される一般的なシナリオに対応したエンティティが標準エンティティとして用意されており、これを利用することも可能ですし、独自にフィールドを定義したカスタムエンティティの作成も可能です。

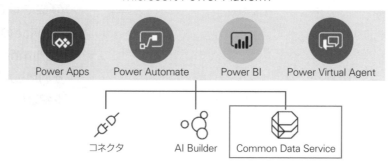

Common Data Serviceのデータベースは環境ごとに作成できます。同じ環境内にあるPower Appsアプリからアクセスでき、他のデータソースとは異なりアプリで利用する際に資格情報等の接続に必要な情報を指定する必要はありません。

Power Apps画面で、Common Data Serviceデータベースが作成された環境を開き［データ］－［エンティティ］を開くと、データベース内のエンティティが確認できます。データベースの作成直後など、カスタムエンティティを作成していない場合、一覧されるエンティティは標準で用意されるものです。

> Common Data Serviceの利用にはPower Apps単体プランが必要です。Power Apps for Office 365には含まれません（ライセンスについては第1章を参照）。また環境内にCommon Data Serviceデータベースを作成する方法は第5章の「4　組織全体での管理」を参照してください。本章の手順を試すにはCommon Data Serviceデータベースが作成された環境が必要です。

　Power Appsは専門のIT技術者に頼らなくても、非開発者がニーズに合ったアプリを作成、利用できるローコードプラットフォームです。すでに組織で利用している既存のデータソースがあり、それらのデータを扱うアプリを作成したい場合は、コネクタが対応しているデータソースであれば接続が行えます。既存のデータを利用することももちろんありますが、新しくアプリを作成する際にはアプリで扱うデータの格納場所を考慮し、用意するところからはじめなければいけないケースも少なくはありません。

　データの格納場所をOffice 365やPower Appsが提供するデータソースから用意する場合、1点目の選択肢としてあげられるのがExcelです。手軽に利用でき、画像ファイルも含めた構造を用意できます。しかし委任に対応していないためアプリで処理できるレコード数（500〜2000）を超えるデータを扱うことはできません。小規模かつ少量データのアプリでのみ利用できる方法といえます。2点目の選択肢にはSharePointリストがあげられます。比較的操作も難しくなく、委任にも対応していますし、ID列や更新者列、更新日時列などが自動的に利用できる点や添付ファイルが扱える点も便利といえます。またOffice 365のライセンスで利用できるためこれを利用されているケースも多いといえます。そして3点目の選択肢がCommon Data Serviceです。Common Data Serviceにおけるエンティティ作成もSharePointリストの作成と同様に、しくみさえ理解すれば操作は難しいものではありません。また次のような点はCommon Data Serviceを利用するメリットです。

● レスポンスの早さ
　どのデータソースもデータをアプリに読み込む際には、データソースによって異なるとはいえ多少の時間を要します。データ量が増えると要する時間も増えます。Common Data ServiceはPower Appsと同じプラットフォームに用意されているためどのデータソースよりもレスポンスが早いといえます。

● 大量データに対応しやすい
　大量データが含まれるデータソースを扱う場合、委任の利用が必須である点は第5章で解説しました。委任に対応するデータソースは複数ありSharePointもそうだといえますが、サポートしている関数や述語がSharePointよりも豊富です。たとえばSharePointリストの場合、Search関数がサポートされていない点や「<」、「>」等の述語の利用に制限がありますが、Common Data Serviceでは利用可能です。これらの関数や述語が利用できたほうが便利なことはいうまでもないでしょう。

● 既存データソースからのインポートが可能
　アプリ作成時には複数のデータソースからのデータを利用することもありますし、またアプリから参照をさせたいデータはあるけれど、セキュリティの観点から直接アプリからはアクセスさせたくないこともあります。Common Data Serviceはデータ統合を行う機能としてPower Queryが含まれるためエンティティ内に既存データソースから取得したデータをインポートできます。スケジュールした上で定期的に同期することも可能です。

● フォームやビュー、ビジネスルールを関連付けられる
　Common Data Serviceのエンティティには、フィールド定義だけではなくフォームやビュー、ビジネスルール（入力規則など）を関連付けられます。アプリから同じエンティティを利用していれば、これらを統一されたフォームやビュー、ビジネスルールとして利用できます。それぞれのアプリで何度も作成する必要もなくなります。

● モデル駆動型アプリが作成可能
　Power Appsではレイアウトをすべて制御可能なキャンバスアプリと、エンティティをベースに画面を構成してい

くモデル駆動型アプリの2種類のアプリが作成可能です。Common Data Serviceを利用することでアプリに必要な機能や画面に応じて、キャンバスアプリとモデル駆動型アプリの両方が利用できます。

ソリューションの作成

Common Data Serviceデータベースが含まれる環境では、**ソリューション**が利用できます。ソリューションとは、アプリやアプリに依存する各種リソース（依存する機能が含まれた他のアプリ、エンティティ、コンポーネント、カスタムコネクタ、フローなど）をまとめるためのしくみです。依存関係のあるリソースをまとめて管理しやすく、エクスポート/インポートも可能です。

本章では「社内イベント管理」を例としCommon Data Serviceを利用したアプリ作成方法を解説します。ここでは関連するエンティティやアプリをまとめられるようソリューションを作成する手順を紹介します。

❶
Power Apps画面で、Common Data Serviceデータベースを含む環境を開く。

❷
ソリューションを開き［新しいソリューション］をクリックする。

❸
次の内容を指定し［作成］をクリックする。
- ●表示名：「社内イベント管理」と入力
- ●名前：「EventApp」と入力
- ●発行先：任意に編集もしくは選択

❹
一覧に作成したソリューションが確認できる。

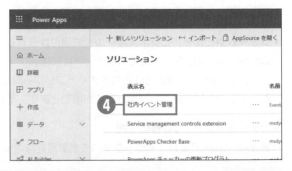

エンティティの作成

Common Data Serviceには組織で一般的によく利用されるデータ構造が標準エンティティとして定義されています。標準エンティティをそのまま利用することもできますが、独自のデータ構造が必要な場合は新しいエンティティとして作成することも可能です。ここではカスタムエンティティの作成方法を確認していきます。

社内イベントデータを格納するための［イベント］エンティティと、各イベントの申込者を格納するための［申込者］エンティティの、2つのエンティティを作成します。

［イベント］エンティティの作成

［データ］－［エンティティ］画面から新規エンティティを作成することも可能ですが、ここではソリューションの中にエンティティを作成します。

❶
ソリューションの一覧から、前の手順で作成した［社内イベント管理］ソリューションを開く。

❷
［新規］－［エンティティ］をクリックする。

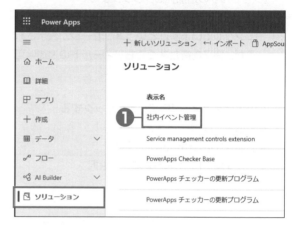

❸
新しいエンティティを作成するため、次の項目を指定し［作成］をクリックする。
- 表示名：「イベント」と入力
- 表示名の複数形：「イベント」と入力
- 名前：「Event」と入力
- プライマリフィールド
  表示名：「イベント名」と入力
  名前：「EventName」と入力

❹
［フィールドの追加］をクリックする。
※［バックグラウンドでエンティティをプロビジョニングしています。］というメッセージが表示されるが、完了を待たなくてもフィールドの追加は可能。

❺
次の内容を指定し［完了］をクリックする。
- 表示名：「説明」と入力
- 名前：「Description」と入力
- データ型：［テキスト領域］を選択

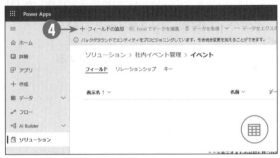

❻
さらに［フィールドの追加］をクリックし、次のフィールドを追加する。

表示名	名前	データ型	その他
開催ID	ID	オートナンバー	プレフィックス：任意に指定 最小桁数：3 シード値：1
開始日時	StartDate	日時	必須
終了日時	EndDate	日時	必須
主催部門	OwnerDep	テキスト	必須
定員	Capacity	整数	必須、最小値：0
受付開始	AppStart	2つのオプション	既定値：いいえ
受付終了	AppEnd	2つのオプション	既定値：いいえ
アンケート処理完了	SurveyEnd	2つのオプション	既定値：いいえ

❼ ［エンティティの保存］をクリックする。

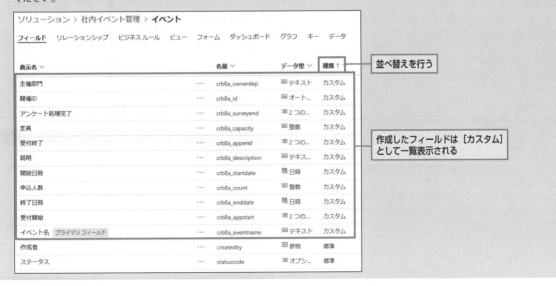

ヒント

エンティティ内に作成したフィールドを確認

エンティティの作成時、画面上部に［バックグラウンドでエンティティをプロビジョニングしています。］というメッセージが表示されていましたが、プロビジョニングが終わるとフィールド一覧には既定で用意されるフィールドがいくつか用意されます。これらのフィールドと、自分が作成したフィールドをわかりやすく一覧表示したい場合は［種類］列で並べ替えを行ってください。

［申込者］エンティティの作成

❶
ソリューション名をクリックする。

❷
［新規］－［エンティティ］をクリックする。

❸
新しいエンティティを作成するため、次の項目を指定し［作成］をクリックする。
- ●表示名：「申込者」と入力
- ●表示名の複数形：「申込者」と入力
- ●名前：「Applicant」と入力
- ●プライマリフィールド
　表示名：「名前」と入力
　名前：「Name」と入力

❹
［フィールドの追加］をクリックする。

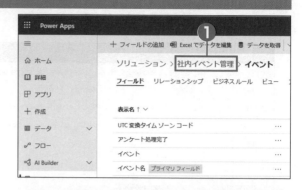

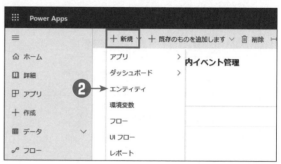

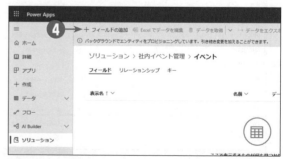

❺

次の内容を指定し［完了］をクリックする。
- 表示名：「部署名」と入力
- 名前：「Dep」と入力
- データ型：［テキスト］を選択
- 必須にする

❻

［フィールドの追加］をクリックし、次の内容を指定して［完了］をクリックする。
- 表示名：「イベント名」と入力
- 名前：「EventName」と入力
- データ型：［参照］を選択し、関連エンティティには［イベント］を選択
- 必須にする

❼

［フィールドの追加］をクリックし、次の内容を指定して［完了］をクリックする。
- 表示名：「キャンセル」と入力
- 名前：「Cancel」と入力
- データ型：［2つのオプション］を選択
- 既定値：［いいえ］を選択

❽

［エンティティの保存］をクリックする。

❾

［リレーションシップ］を開くと［イベント］エンティティとのリレーションが作成されていることが確認できる。
※参照フィールドを作成したため自動的に作成された。
※手動でリレーションシップの作成も可能。

⑩

ソリューション名をクリックし、ソリューション内の一覧を確認すると［イベント］および［申込者］エンティ
ティが作成されたことが確認できる。

※作成したエンティティは［データ］－［エンティティ］一覧にも表示される。

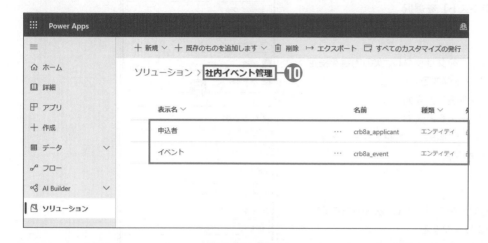

［イベント］エンティティにロールアップフィールドを追加

　エンティティ内には数式により計算された結果を格納する計算フィールドや、関連するエンティティの値を集計す
るロールアップフィールドの作成が可能です。ここでは［イベント］エンティティに申込人数を格納するロールアッ
プフィールドを追加します。

❶

［イベント］エンティティを開く。

❷

［フィールドの追加］をクリックし、次の内容を指定
する。
- ●表示名：「申込人数」と入力
- ●名前：「Count」と入力
- ●データ型：［整数］を選択

❸

［計算またはロールアップ］の［追加］－［ロールアッ
プ］をクリックする。

④
保存を促すメッセージが表示されるため［保存］を
クリックする。

⑤
別ウィンドウで編集画面が開くため、関連エンティ
ティに［申込者（イベント名）］を選択して［✓］を
クリックする。

⑥
フィルターで［条件の追加］をクリックし、［条件］
に［キャンセル］、［次の値と等しい］に［" いいえ "］
を設定する。

⑦
［集計関数］を［件数］、［集計された関連エンティ
ティフィールド］を［申込者］に設定し、［✓］をク
リックする。

⑧
［保存して閉じる］をクリックする。

⑨
メッセージが表示された場合は［完了］をクリック
する。

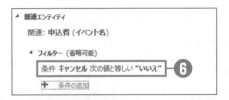

▶次の2つのエンティティが作成される。

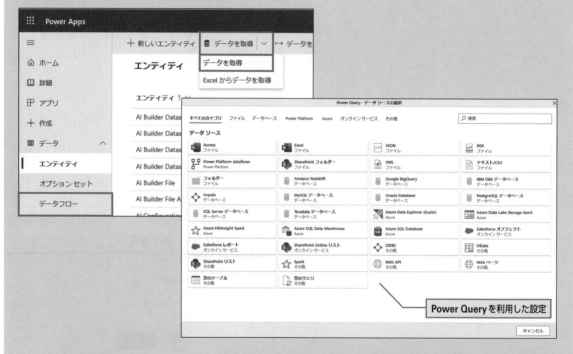

※追加した列のみ表示している。

データ取得によるエンティティ作成

［データ］−［エンティティ］画面において、エンティティ作成時に［データを取得］を利用すると、既存のデータソースからデータの統合が行えます。

このデータ統合機能を利用することで、Power Query を利用して取得するデータの指定を行った上で他のデータソースからデータ連携が行えます。スケジュールによる更新も設定可能です。基幹システムなど直接接続させたくないデータを統合し、Power Apps から適切な形でアクセスさせたり、Power Query で複数テーブルのデータを結合するように編集して統合することもできます。

ビジネスルールの作成

　エンティティにはビジネスルールを作成できます。ビジネスルールは条件とアクションを組み合わせて次のような操作を定義できます。

- フィールドの値設定、クリア
- 入力検証、エラーメッセージの表示
- フィールの有効/無効化、表示/非表示（※）
- 入力時のレコメンデーション（※）

　ビジネスルールはエンティティがアプリで利用される場合に適用されます。こうしたロジックをアプリではなくエンティティに定義することで、複数のアプリで同じエンティティを利用している際に、共通のルールを適用できます。キャンバスアプリとモデル駆動型アプリの両方に適用されますが、一部のビジネスルール（※）はキャンバスアプリでは利用できません。

　ここでは［イベント］エンティティに、次の2つのビジネスルールを作成します。

- ［終了日時］は［開始日時］よりも後の日時であることを確認し、そうではない場合はエラーを表示する
- ［アンケート処理完了］が［はい］に変更されたらレコード状態を非アクティブ化する

❶
　［イベント］エンティティを開き［ビジネスルール］をクリックする。

❷
　1つ目のビジネスルールを作成する
　［ビジネスルールの追加］をクリックする。

❸
　ブラウザーの別タブでビジネスルールの作成画面が開くため、▼をクリックして展開し、ビジネスルール名と説明を変更する。

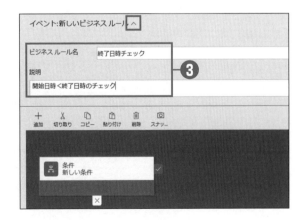

④ 既定で配置されている［条件］をクリックして選択後、プロパティウィンドウで次のように設定して［適用］をクリックする。
- 表示名：「日時確認」と入力
- エンティティ：「イベント」と自動入力される
- ルール：次を選択
  - ソース：［エンティティ］
  - フィールド：［終了日時］
  - 演算子：［が次の値より小さい］
  - 種類：［フィールド］
  - 値：［開始日時］

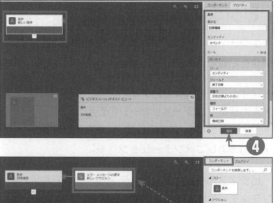

⑤ ［コンポーネント］を開き、一覧から［エラーメッセージの表示］をドラッグアンドドロップして配置する。

⑥ プロパティウィンドウで次のように設定し［適用］をクリックする。
- フィールド：［終了日時］を選択
- メッセージ：「開始日時よりも後の日付を入力してください。」と入力

⑦ 画面右上部にある［保存］をクリックし、ビジネスルールを保存する。

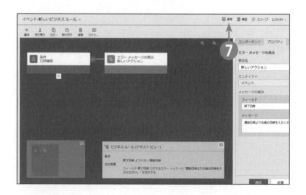

⑧
保存後［アクティブ化］をクリックする。

⑨
確認ダイアログが表示されるため［アクティブ化］をクリックする。

⑩
エンティティに戻り、作成中であることを示すダイアログが表示された場合は［完了］をクリックする。
※ブラウザーの別タブで開いていたビジネスルール作成画面は閉じてかまわない。

⑪
ビジネスルールが作成されたことが確認できる。
※ビジネスルールはアクティブ化することで実行される。再度編集を行う場合は、非アクティブ化が必要。

⑫
2つ目のビジネスルールを作成する
［ビジネスルールの追加］をクリックする。

⑬
ブラウザーの別タブでビジネスルールの作成画面が開くため、▼をクリックして展開し、ビジネスルール名と説明を変更する。

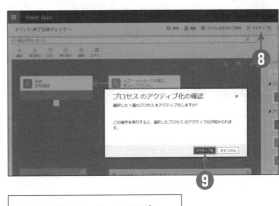

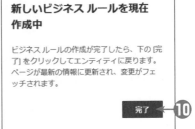

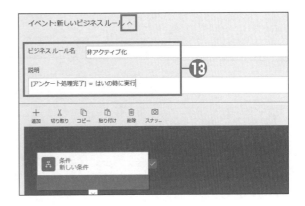

⑭

既定で配置されている［条件］をクリックして選択
後、プロパティウィンドウで次のように設定して［適
用］をクリックする。
- ●表示名：「確認」と入力
- ●エンティティ：「イベント」と自動入力される
- ●ルール：次を選択

　ソース：［エンティティ］

　フィールド：［アンケート処理完了］

　演算子：［が次の値と等しい］

　種類：［値］

　値：［はい］

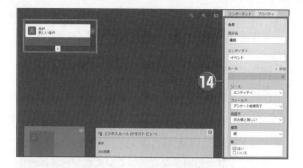

⑮

［コンポーネント］を開き、一覧から［フィールド値
の設定］をドラッグアンドドロップして配置する。

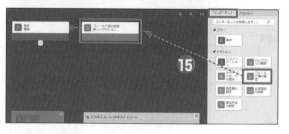

⑯

プロパティウィンドウで次のように設定し［適用］
をクリックする。
- ●表示名：「非アクティブ化」と入力
- ●フィールド：［状態］を選択
- ●値：［非アクティブ］を選択

⑰

画面右上部にある［保存］をクリックし、ビジネス
ルールを保存する。

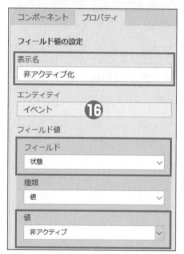

⑱
保存後［アクティブ化］をクリックする。

⑲
確認ダイアログが表示されるため［アクティブ化］
をクリックする。

⑳
ビジネスルールが作成されたことが確認できる。

ビューの編集

　エンティティには既定でいくつかのビューが用意されています。これらを必要に応じて編集、また追加も可能です。

［イベント］エンティティのビュー

　［イベント］エンティティにアプリで利用できるよう［開催イベント］と［完了イベント］という名前の2つのビュー
を作成します。ここでは既定で用意されているビューを編集します。

❶
［イベント］エンティティで［ビュー］をクリックす
る。

　▶ 既定で用意されるビューが一覧表示される。

❷
［アクティブなイベント］ビューの［...］メニューか
ら［編集ビュー］－［新しいタブでビューを編集］を
クリックする。

3
ブラウザーの別タブでビューの編集画面が開くため、フィールドの一覧から、ビューに表示したい列をクリックする。列の並べ替えはマウス操作で行えるので、左から［開催ID］［イベント名］［説明］［開始日時］［終了日時］［主催部門］［定員］［申込人数］の順に表示されるよう設定する。［作成日］列は削除する。
※［作成日］列の削除は、画面のように列名の右端の
　▼をクリックして［削除］を選択する。

4
ビューの名前を「開催イベント」に変更する。

5
［並べ替え基準］で、右端の［×］をクリックして既定で設定されている並べ替え基準を削除する。

6
並べ替え基準として［開始日時］を追加する。

7
既定で［状態は'アクティブ'です］というフィルターが設定されていることを確認する。
※このまま利用する。

⑧

画面右上の［公開］をクリックする。

⑨

ブラウザーの別タブで開いていたビューの編集画面を閉じる。

⑩

［非アクティブなイベント］ビューの［…］メニューから［編集ビュー］−［新しいタブでビューを編集］をクリックする。

⑪

ブラウザーの別タブでビューの編集画面が開くため、フィールドの一覧から、ビューに表示したい列をクリックする。列の並べ替えはマウス操作で行えるので、左から［開催ID］［イベント名］［説明］［開始日時］［終了日時］［主催部門］［定員］［申込人数］の順に表示されるよう設定する。［作成日］列は削除する。

※［開催イベント］ビューと同じ設定。

⑫

ビューの名前を「完了イベント」に変更する。

⑬

既定で設定されている並べ替え基準を削除する。

⑭
並べ替え基準として［開始日時］を追加する。

⑮
開始時間順に並ぶよう［↑開始日時］をクリックして［↓開始日時］に変更する。

⑯
既定で［状態は'非アクティブ'です］というフィルターが設定されていることを確認する。
※このまま利用する。

⑰
画面右上の［公開］をクリックする。

⑱
ブラウザーの別タブで開いていたビューの編集画面を閉じる。

⑲
2つのビューを編集したことが確認できる。

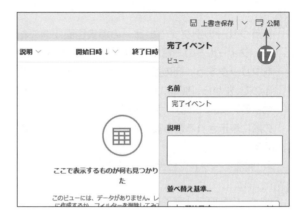

［申込者］エンティティのビュー

　［申込者］エンティティには［申込者一覧］と［申込者］という2つのビューを作成します。ここでは既存のビューの編集だけではなく、新しいビューの作成方法もあわせて説明します。

❶
［申込者］エンティティで［ビュー］をクリックする。

▶ 既定で用意されるビューが一覧表示される。

②
[アクティブな申込者]ビューの[...]メニューから
[編集ビュー]-[新しいタブでビューを編集]をク
リックする。

③
ブラウザーの別タブでビューの編集画面が開くた
め、次の設定を行う。
- ●列：[イベント名][名前][部署名][キャンセル]
  を表示
- ●名前：「申込者一覧」と入力
- ●並べかえ：[イベント名]列で昇順
- ●フィルター：なし

④
画面右上の[公開]をクリックする。

⑤
ブラウザーの別タブで開いていたビューの編集画面
を閉じる。

⑥
[ビューの追加]をクリックする。

⑦
新しいビューを作成するダイアログが開くため、名
前を「申込者」と入力して[作成]をクリックする。

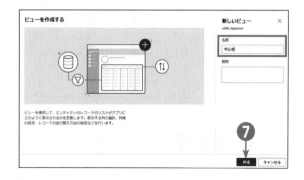

⑧ ブラウザーの別タブでビューの編集画面が開くため、次の設定を行う。

- ●列：［名前］［部署名］［キャンセル］［作成日］を表示
- ●名前：「申込者」と入力されていることを確認する
- ●並べかえ：［作成日］列で降順
- ●フィルター：なし

⑨ 画面右上の［公開］をクリックする。

⑩ ブラウザーの別タブで開いていたビューの編集画面を閉じる。

⑪ 編集および作成したビューが確認できる。

ヒント

［作成日］列が表示されないとき

手順⑧で［作成日］列が表示されないときは、［フィールド］ウィンドウの検索ボックス右端の▼をクリックして［すべて］に変更します。

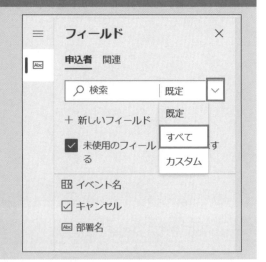

フォームの編集

エンティティで利用するフォームを編集します。

［イベント］エンティティのフォームの編集

［イベント］エンティティのフォームを編集します。

❶
[イベント]エンティティの[フォーム]をクリック
する。

▶既定で用意されているフォームが確認できる。

❷
[フォームの種類]が[Main]のフォームの[...]
メニューから[編集フォーム]-[新しいタブで
フォームを編集]をクリックする。

❸
ブラウザーの別タブでフォーム編集画面が開くた
め、上部に表示される[ヘッダー密度の編集]をク
リックする。

❹
ヘッダーの表示オプションの[高密度]がオンとな
り、ヘッダー領域の高さが小さくなったことが確認
できる。

❺
フィールド一覧から[開催ID]をヘッダー領域にド
ラッグアンドドロップして配置する。

❻
配置したフィールドをクリックしてプロパティを開
き、[読み取り専用フィールド]をオンにする。

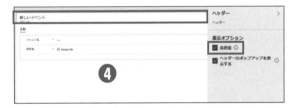

7

全般セクションをクリックして選択し［書式設定］内の［列］を［2］に変更する。

➡フォームとして利用するセクションが2列に変更される。

8

フィールド一覧より、次の列をドラッグアンドドロップして追加し、画面のように配置する。列の並び順もこのとおりにする。

●［イベント名］［説明］［開始日時］［終了日時］［申込人数］［定員］［主催部門］［所有者］

9

［コンポーネント］をクリックして開き［1列のセクション］をフォーム下部に配置する。

10

セクションラベルを「申込者」に変更する。

11

コンポーネントより［サブグリッド］を選択し、次のように指定して［完了］をクリックする。

●エンティティ：［申込者（イベント名）］を選択
●既定のビュー：［申込者］を選択
●関連レコードの表示：オンにする

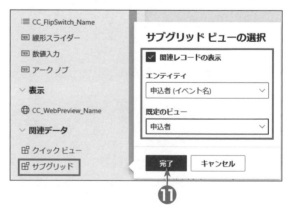

⓬ 下部のセクション内にサブグリッドが配置されたことが確認できる。

※異なる箇所に配置された場合はドラッグ操作で移動可能。

※ここではイベントレコードに関連する［申込者］レコードをあわせて表示するよう設定を行った。

⓭ ［公開］をクリックする。

　[データ]画面ではエンティティ内のデータが確認できます。ここでもエンティティに関連付けたビューやフォームが確認できます。

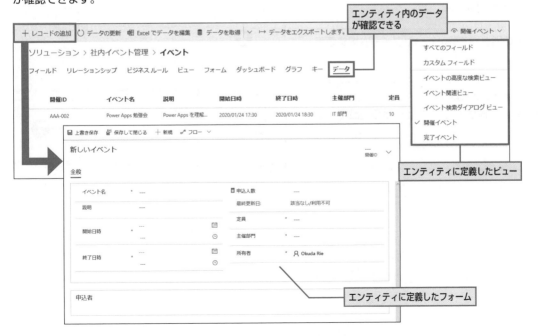

［申込者］エンティティのフォームの作成

　［申込者］エンティティのフォームを編集します。ここではメインフォームだけではなく、簡易作成フォームの作成
も行います。

❶
［申込者］エンティティの［フォーム］をクリックす
る。

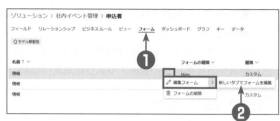

❷
メインフォームを編集する
［フォームの種類］が［Main］のフォームの［...］
メニューから［編集フォーム］−［新しいタブで
フォームを編集］をクリックする。

❸
ブラウザーの別タブでフォーム編集画面が開くた
め、上部に表示される［ヘッダー密度の編集］をク
リックする。

　▶ヘッダーの表示オプションの［高密度］がオンに
　なり、ヘッダー領域の高さが小さくなったことが
　確認できる。

❹
フィールド一覧より、次の列をドラッグアンドド
ロップして追加し、画面のように配置する。列の並
び順もこのとおりにする。
　●［イベント名］［名前］［部署名］［キャンセル］［所
　有者］

❺
［公開］をクリックする。

❻
ブラウザーの別タブで開いていたフォーム編集画面
を閉じる。

❼
簡易作成フォームを作成する
エンティティ上部の［...］メニューから［設定］を
開く。

⑧
エンティティの編集ウィンドウが開くため、［設定を
作成および更新する］内の［簡易作成フォームを有
効にする］をオンにして［完了］をクリックする。

⑨
画面右下の［エンティティの保存］をクリックして、
設定を保存する。

⑩
［フォームの追加］−［簡易作成フォーム］をクリック
する。
※手順⑧と手順⑨の設定を行っていないと［簡易作
成フォーム］は利用できない。

⑪
ブラウザーの別タブでフォーム編集画面が開くた
め、フィールド一覧より、次の列をドラッグアンド
ドロップして追加し、画面のように配置する。列の
並び順もこのとおりにする。
●［イベント名］［部署名］［名前］［キャンセル］［所
有者］
※フォーム内容が表示されない場合は、一度保存を
行ってみる。

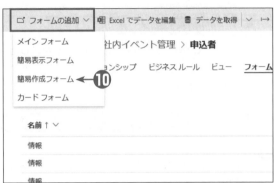

⑫
フォームの表示名を「申込者登録」に変更する。

⑬
［公開］をクリックする。

⑭
ブラウザーの別タブで開いていたフォーム編集画面
を閉じる。

⑮
作成したフォームが確認できる。

2 CDSを利用したアプリ作成

Common Data Service内のエンティティには、フィールドだけではなく、ビジネスルールやビュー、フォームを関連付けられ、アプリ作成時にこれらの内容を利用できます。ここではCommon Data Serviceを利用して、モデル駆動型アプリとキャンバスアプリを作成する方法を解説します。モデル駆動型アプリにはCommon Data Serviceが必須であり、エンティティに用意されたビューやフォームを利用します。またPower Automateと組み合わせることで業務プロセスフローの作成も可能です。キャンバスアプリからCommon Data Serviceを利用する際は、他のデータソースとは異なり接続を作成する必要なく、同じ環境内のエンティティにアクセスが行えます。

モデル駆動型アプリの作成

本章の「1 Common Data Service」で作成した［イベント］エンティティと［申込者］エンティティを利用して、モデル駆動型アプリを作成する方法を解説します。また、社内イベントの運営管理を行う際の作業を一貫したステップで行えるよう、業務プロセスフローをあわせて作成します。

モデル駆動型アプリの新規作成

❶
［社内イベント管理］ソリューションを開き［新規］
－［アプリ］－［モデル駆動型アプリ］をクリックする。

❷
新しいアプリを作成する画面が開くので、次を設定して［完了］をクリックする。
●名前：「イベント管理」と入力
●一意の名前：「EventManage」と入力
　※「XXXX_」というサフィックスがあらかじめ含まれているため、続けて入力する。
●説明：任意の説明を入力
➡アプリデザイナーが開く。

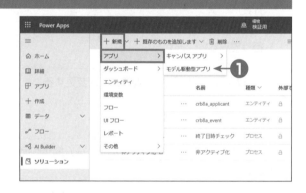

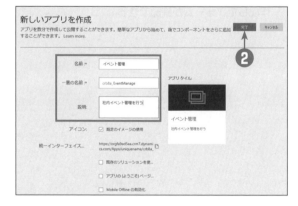

サイトマップの編集

❶

アプリデザイナーで［サイトマップ］の編集アイコンをクリックする。

➡サイトマップデザイナーが開く。

❷

［新しいエリア］をクリックし、タイトルを「社内イベント管理」に変更する。

❸

［新しいグループ］をクリックし、タイトルを「イベントと申込」に変更する。

❹

［新しいサブエリア］をクリックし、次の設定を行う。

- 種類：［エンティティ］を選択
- エンティティ：［イベント］を選択
- タイトル：「イベント一覧」と入力

※プロパティウィンドウが編集できない場合は［新しいサブエリア］を選択後 Tab キーを数回押す。

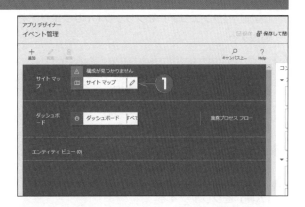

5
[追加]−[サブエリア] をクリックし、サブエリアを
追加する。

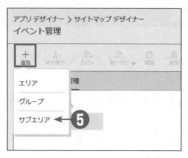

6
追加したサブエリアをクリックし、次の設定を行う。
- 種類：[エンティティ] を選択
- エンティティ：[申込者] を選択
- タイトル：「申込者一覧」と入力

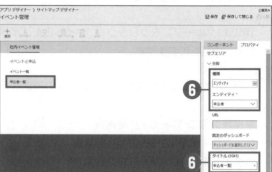

7
[保存] をクリックする。

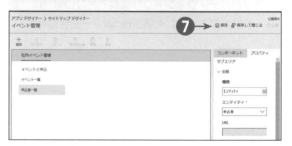

8
[公開] をクリックする。

9
アプリデザイナーに戻る。

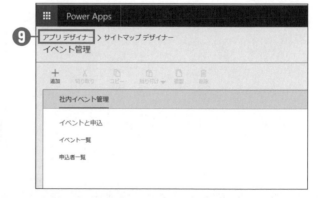

エンティティに対する設定

❶ アプリデザイナーでは、サイトマップに追加した［イベント］エンティティと［申込者］エンティティが追加されていることが確認できる。

❷ ［イベント］エンティティの［フォーム］を選択すると、エンティティに関連付けられたフォームが表示されていることが確認できる。

❸ ［イベント］エンティティの［ビュー］を選択し、［すべて］をオフにして［開催イベント］と［完了イベント］のみをオンにする。
※オンにしたビューがアプリ内で利用される。

❹ 同様に［申込者］エンティティの［ビュー］を選択し、［すべて］をオフにして［申込者］と［申込者一覧］のみをオンとする。

❺ ［保存］をクリックする。

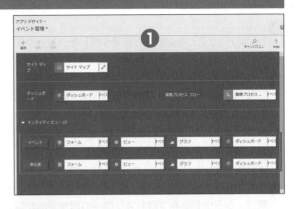

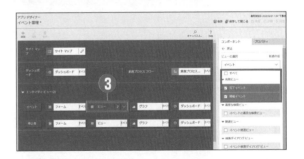

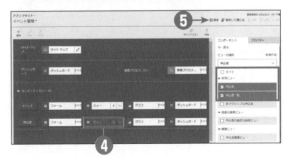

業務プロセスフローの作成

❶ [業務プロセス] を選択し [新規作成] をクリックする。

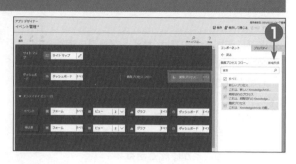

❷ [プロセスの作成] ダイアログが開くため、次の設定を行い [OK] をクリックする。
- ●プロセス名：「イベント管理プロセス」と入力
- ●エンティティ：[イベント] を選択
- ●名前：「EventManageProcess」と入力

❸ 別ウィンドウで業務プロセスフローの編集画面が開く。

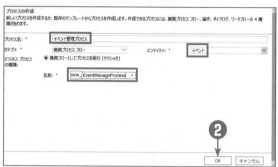

❹ 既定で配置されているステージを選択し、表示名を「受付開始」に変更して [適用] をクリックする。

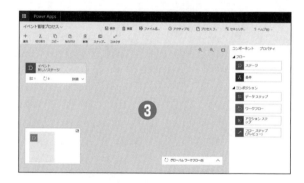

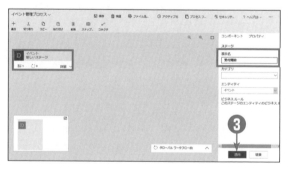

⑤
［受付開始］ステージの［詳細］を開いてデータス
テップを選択し、次の設定後に［適用］をクリック
する。

●データフィールド：［受付開始］を選択

●必須：オンにする

※このステージで入力させたい列を追加する際は、
　コンポーネント内から［データステップ］をドラッ
　グアンドドロップして追加可能。
　またワークフローやアクションステップを追加
　し、さまざまな処理や動作を追加することも可能。

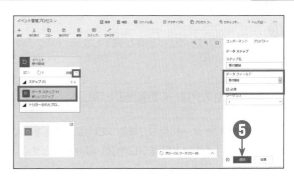

⑥
コンポーネント内から［ステージ］をドラッグアン
ドドロップして、2つ追加する。

⑦
追加したステージの表示名をそれぞれ次のとおり変
更する。

●受付終了

●完了

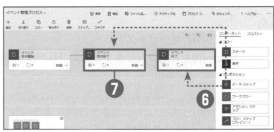

⑧
［受付終了］ステージの［詳細］を開いてデータス
テップを選択し、次の設定後に［適用］をクリック
する。

●データフィールド：［受付終了］を選択

●必須：オンにする

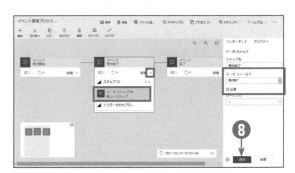

⑨
［完了］ステージの［詳細］を開いてデータステップ
を選択し、次の設定後に［適用］をクリックする。

●データフィールド：［アンケート処理完了］を選択

●必須：オンにする

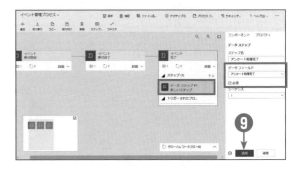

⑩ [保存] をクリックし、保存が完了したら [アクティブ化] を行う。

⑪ 業務プロセスフローの編集画面を閉じる。

⑫ アプリデザイナーに戻り [業務プロセス] を選択後、作成した [イベント管理プロセス] のみオンとする。

⑬ [保存] をクリックする。

⑭ 保存後 [公開] をクリックする。

※公開後 [再生] をクリックするとアプリが再生できる。

⑮ [社内イベント] ソリューションを確認すると、ここで作成した [イベント管理] モデル駆動型アプリが確認できる。

※ […] − [共有] でアプリの共有が行える。

※作成したモデル駆動型アプリは、ソリューション内だけではなく [アプリ] 画面にも一覧される。

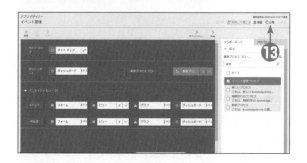

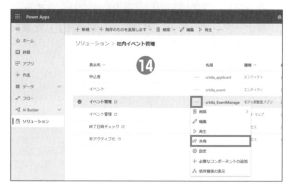

本章ではモデル駆動型アプリの作成方法を解説するため、次のような［イベント管理］アプリを作成しました。

■起動時

■イベント管理の流れ

　社内イベントの管理を行う担当者は、① イベント情報の登録、② 受付開始、③ 受付終了、④ 完了、の流れで作業を行います。作業の流れを支援するよう作成した業務プロセスフローの内容が表示されています。

　次の画面は、起動時に開く［イベント一覧］で［新規］をクリックして開きます。

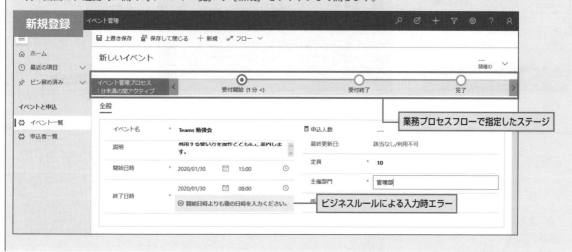

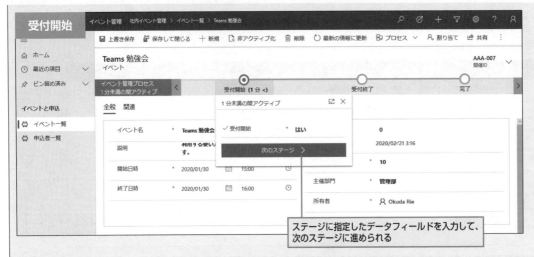

ステージに指定したデータフィールドを入力して、
次のステージに進められる

■申込

　「受付開始＝はい」となったイベントは、キャンバスアプリによって作成された申し込みアプリに表示され、社内ユーザーが申し込み可能となります。またイベント管理担当者は、申し込みアプリではなくメール等で申し込みを受け付けた場合やキャンセル連絡があった場合、該当イベントの編集画面に表示される申込者の一覧より、申込者データの追加や編集が可能です。

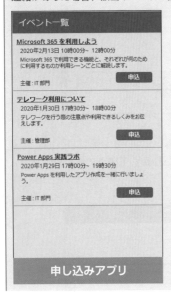

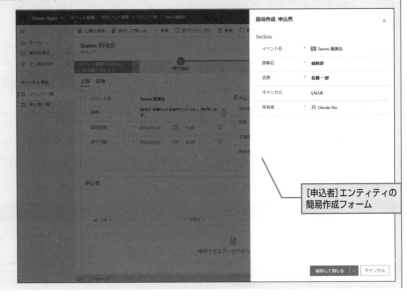

[申込者]エンティティの
簡易作成フォーム

キャンバスアプリからの利用

Common Data Service からアプリを構築する場合、他のデータソースを利用する場合のように Power Apps から接続を作成する必要はありません。同じ環境内のエンティティを指定するだけです。

❶ [社内イベント管理] ソリューションを開き [新規]
－[アプリ]－[キャンバスアプリ]－[電話フォームファクター] をクリックする。

▶ Power Apps Studio が開く。

❷ [データソース] を開くと環境内のエンティティが表示されるため、[イベント] と [申込者] を選択してアプリ内に追加する。

▶ アプリ内のデータソースとして利用可能になる。

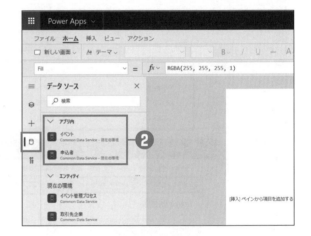

　キャンバスアプリの作成方法は第4章で解説したため、ここでは詳細手順の解説は行いません。イベントの申し込みアプリを例とした設定例は次のとおりです。

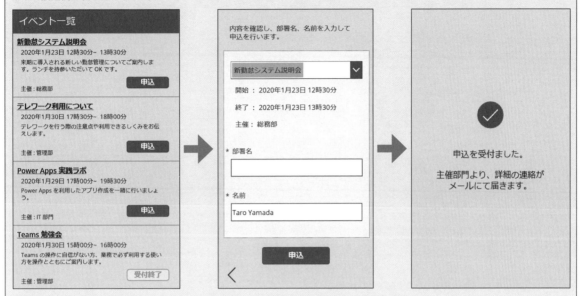

■スタート画面

　[イベント]エンティティをデータソースとするギャラリーが配置されており、受付開始されたイベントの詳細が確認できます。ポイントとなる設定内容は次のとおりです（下線部は実際の値に読み替えてください）。

●ギャラリーのItemsプロパティ

```
Filter(イベント, 受付開始='受付開始(イベント)'.はい)
```

●[申込]ボタンのDisplayModeプロパティ

```
If(ThisItem.受付終了='受付終了(イベント)'.はい, Disabled, Edit)
```

■申し込みフォーム

　ギャラリーから[申込]ボタンが押されると開く申し込みフォームです。ギャラリーで選択したイベントの情報や、フォーム利用者名が既定で表示されます。

■確認画面

　申し込み完了後に表示されるメッセージ画面です。

SharePointとの連携

SharePointリストをデータソースとしたキャンバスアプリの作成や、SharePointリストのフォームをPower Appsを用いて編集する内容を解説します。

第 8 章

1 リストをデータソースとしたアプリ作成

　第3章と第4章では、データソースにExcelを利用したキャンバスアプリ作成の基本を解説しました。また第7章では、Common Data Serviceを利用したアプリ作成についてご紹介しました。第7章でもふれたとおり、Office 365やPower Appsが提供する機能を利用してアプリで扱うデータの格納場所を用意したい場合、Common Data ServiceやExcelに加えてSharePointが利用できます。Common Data Serviceと比較すると委任に対応する関数や述語が少ないこともあり、大容量のデータを扱う際にはそれをふまえた上でアプリ設計を行う必要がありますが、Office 365のライセンスのみで利用できるためOffice 365の既存ユーザーにとっては利用しやすいデータソースといえます。

　ここではSharePointリストをデータソースとし、次のようなアプリ作成を行いながら、キャンバスアプリ作成時に活用できる次の内容を解説します。

- 複数リストから関連するデータを操作
- コレクションによるアプリ内データの扱い方
- SharePointでの委任
- 他のリストを参照するドロップダウンとカスケード設定
- ユーザー列への既定値の設定

完成イメージ

データ一覧画面　　　　　フォーム画面

- 選択したデータの詳細および明細を表示

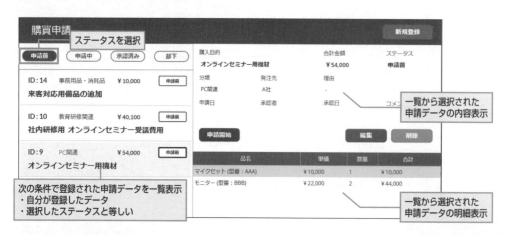

• データの新規登録 / 編集

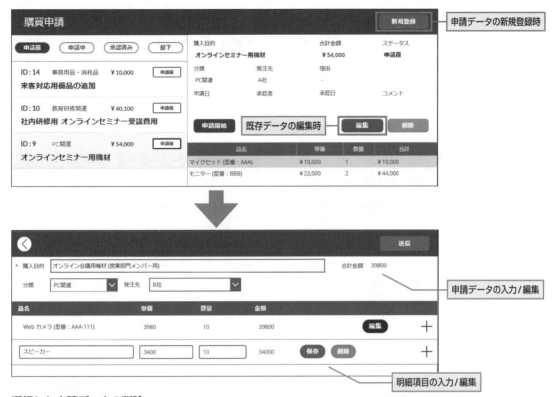

• 選択した申請データの削除

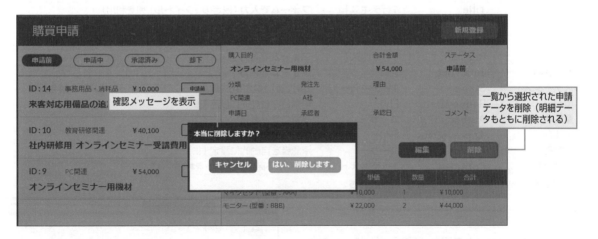

本章の手順を試すにはSharePointサイトが必要です。また以前の章で解説済みの内容についてはステップバイステップでの手順を省略し、設定ポイントのみ記載している箇所があります。

① データソースの準備

データソースとして利用する SharePoint リストを作成します。次の３つの SharePoint リストを作成します。アプリ内で入力されたデータは購買申請リストと購買明細リストに格納し、発注先一覧リストは参照用として利用します。

- 購買申請リスト：購買申請データを格納します。
- 購買明細リスト：購買申請に関連付ける明細データを格納します。
- 発注先一覧リスト：購買申請データの入力時に参照します。

購買申請リストの作成

購買申請データを格納するリストを作成します。

購買申請

ID ⌄	購入目的 ⌄	分類 ⌄	発注先 ⌄	理由 ⌄	合計金額 ⌄	ステータス ⌄	申請日 ⌄	登録者 ⌄	承認日 ⌄	承認者 ⌄	コメント ⌄
1	テストデータの購入目的1	PC関連	A社		¥5,000	申請前		Rie Okuda			
2	テストデータの購入目的2	PC関連	A社		¥8,000	承認済み	2020/02/03	Rie Okuda	2020/02/04	Illumi Nihon	OKです。

- **リスト名：購買申請**

- **列構造**

列名（表示名）	（内部名）	データ形式	概要
ID	ID	ID	既定のID列を利用
購入目的	Title	1行テキスト	**フォームで入力**（既定の［タイトル］列を利用）
分類	Category	1行テキスト	**フォームで入力**
発注先	Supplier	1行テキスト	**フォームで入力**
理由	Reason	1行テキスト	**フォームで入力**
合計金額	TotalPrice	通貨	**フォームで入力**
ステータス	Status	1行テキスト	［申請前］［申請中］［承認済み］［却下］からいずれかの値を設定
申請日	RequestDate	日付	申請日を自動的に設定（※）
登録者	Author	ユーザー	既定の登録者列
承認日	ApproveDate	日付	承認日を自動的に設定（※）
承認者	Approver	ユーザー	承認者を自動的に設定（※）
コメント	Comment	1行テキスト	承認/却下時のコメントを格納（※）

※「第9章　Power Automate との連携」で利用します。

❶

新規リストを作成する

SharePoint サイトを開き［新規］-［リスト］をクリックする。

❷
リスト名を「購買申請」と付けて［作成］をクリックする。

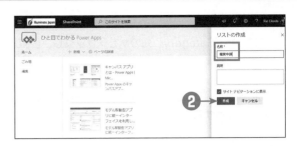

❸
作成したリストが開くため、リストの設定画面を開くため［設定］メニューから［リストの設定］をクリックする。
※リストには既定で［タイトル］列が用意されている。

❹
既定で用意された［タイトル］列の列名を変更する
リストの設定画面内の［列］の一覧より［タイトル］をクリックする。

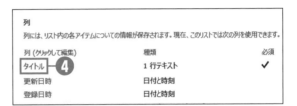

❺
タイトル列の編集画面が開くため、列名を「購入目的」に変更して［OK］をクリックする。

❻
列を追加する
リストの設定画面の上部に表示されるリスト名をクリックし、設定画面からリストに戻る。

❼
［列の追加］－［1行テキスト］をクリックし、列の作成画面で次のように設定して［保存］をクリックする。
●列名：「Category」と入力
●種類：［1行テキスト］を選択

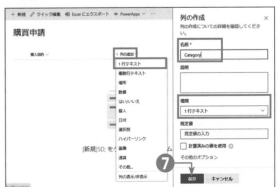

8

追加した［Category］列の▼をクリックし、［列の
設定］−［編集］をクリックする。

9

列の編集画面で、名前を「分類」に変更して［保存］
をクリックする。

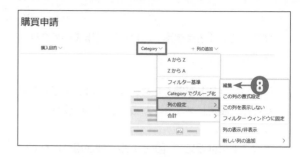

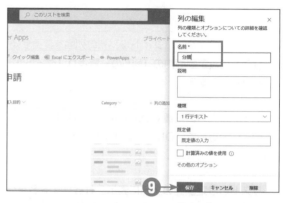

ヒント

リスト列の名前

SharePoint リストは内部で2種類の列名を持ちます。列の作成時に付けた名前は「内部名」となり、その後列名を変更しても変わりません。画面に表示される列名は「表示名」といいます。手順で作成した列は、内部名が「Category」、表示名が「分類」となります。作成時に日本語（全角文字）で列名を付けるとエンコードされるため、たとえば「合計金額」と付けた場合は「_x5408__x8a08__x91d1__x984d_」のような内部名が付きます。SharePoint リストをブラウザーでそのまま利用する場合は、内部名はユーザーには表示されないですし、Power Apps でも、数式で列名を指定する際には列の表示名が利用できるため、内部名がエンコードされた文字列でも動作に問題はありません。しかし Power Apps の一部設定画面では内部名を利用して列が参照されることがあります。また PowerShell やスクリプトなどのプログラムから列を参照する場合は、内部名で列を指定しなければいけません。ここで説明した手順のように、いったん全角文字を利用せず英語等で列名を付けて、その後日本語の表示名に変更するやり方は必須ではありませんが、可能であれば行ったほうがよい作成方法です。いったん付いた内部名は変更できませんので、誤って作成した場合は列を削除して作りなおしが必要です。

10

手順**7**〜**9**と同様の操作で、次の列を追加する。

はじめに付ける列名（内部名）	選択する種類	その他詳細設定	変更後の列名（表示名）
Supplier	1行テキスト		発注先
Reason	1行テキスト		理由
TotalPrice	通貨	小数点以下の桁数：0	合計金額
Status	1行テキスト	既定値：**申請前**	ステータス
		既定値 申請前	
RequestDate	日付		申請日
ApproveDate	日付		承認日
Approver	個人（ユーザー）		承認者
Comment	1行テキスト		コメント

⑪

画面に一覧する際の列順を変更する

[列の追加]－[列の表示/非表示]をクリックし、
[ビューの列の編集]でビューの列を画面のように変
更して[適用]をクリックする。

※並び順はドラッグ操作で変更可能。

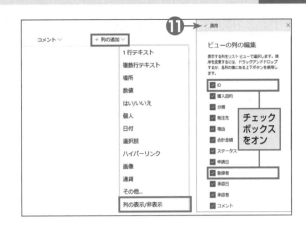

⑫

次のような列構造を持つリストが作成できたことを確認する。

⑬

Power Apps Studioでのアプリ作成時にデータを確認しながらプレビューできるよう、サンプルデータを登録
しておく。[クイック編集]をクリックし、次のようなデータを登録する。

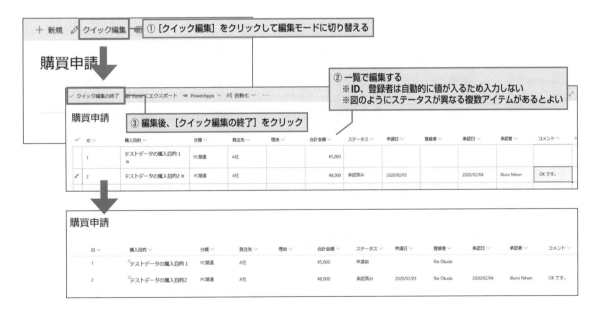

購買明細リストの作成

　購買申請リストを作成した際の手順を参考に、購買明細データを格納するリストを作成します。申請データに紐付く明細データを登録するためのデータソースです。申請データ1件につき、明細データは複数登録されます。

購買明細

明細ID ∨	品名 ∨	単価 ∨	数量 ∨	合計 ∨	ID ∨
1	テスト品名A	¥2,000	1	¥2,000	1
1	テスト品名B	¥1,500	2	¥3,000	2
2	テスト品名C	¥2,800	2	¥5,600	3
2	テスト品名D	¥1,200	2	¥2,400	4

- **リスト名：購買明細**

- **列構造**

はじめに付ける列名 （内部名）	選択する種類	その他詳細設定	変更後の列名 （表示名）	概要
Title			**明細ID**	既定の［タイトル］列の列名を変更
Item	1行テキスト	必須 その他のオプション 最大文字数 255 この列に情報が含まれている必要があります 🔘 はい	**品名**	フォームで入力
Price	通貨	小数点以下の桁数：0 必須	**単価**	フォームで入力
Quantity	数値	小数点以下の桁数：0 必須	**数量**	フォームで入力
Total	通貨	小数点以下の桁数：0 必須	**合計**	フォームで入力

- **ビュー（すべてのアイテム）の編集：**
  列の表示名および並び順を、「明細ID」「品名」「単価」「数量」「合計」「ID」となるように設定する。

- **サンプルデータの登録：**
  クイック編集機能を利用し、サンプルデータを数件登録する。

✓	明細ID ∨	品名 ∨	単価 ∨	数量 ∨	合計 ∨	ID ∨
	1 ※	テスト品名A	¥2,000	1	¥2,000	1
	1 ※	テスト品名B	¥1,500	2	¥3,000	2
	2 ※	テスト品名C	¥2,800	2	¥5,600	3
✏	2 ※	テスト品名D	¥1,200	2	¥2,400	4

※「購買申請」リストに登録したサンプルデータのID値と同じ値を［明細ID］列に入力すると動作確認が行いやすくなります。またSharePointの参照列はここでは利用していません。

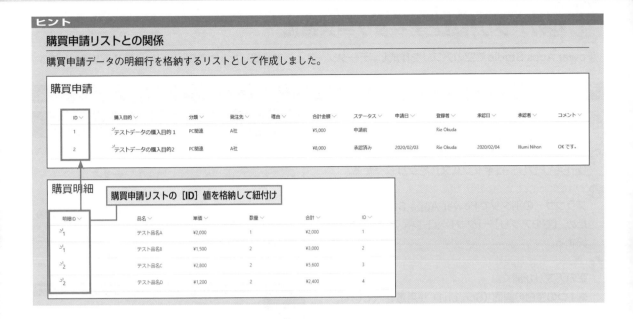

ヒント

購買申請リストとの関係

購買申請データの明細行を格納するリストとして作成しました。

発注先一覧リストの作成

　申請データの［分類］列と［発注先］列のドロップダウン一覧として参照するリストです。作成済みの購買申請リストと同様の手順で作成します。

- **リスト名：発注先一覧**

- **列構造**

はじめに付ける列名 （内部名）	選択する種類	変更後の列名 （表示名）
Title	既定の［タイトル］列の 列名を変更	**発注先**
Category	1行テキスト	**分類**

- **ビュー（すべてのアイテム）の編集：**

  列の表示名および並び順を、「分類」「発注先」となるように設定する。

- **サンプルデータの登録：**

  クイック編集機能を利用し、サンプルデータを数件登録する。

  ※ 分類列が［指定外］となるデータを含めてください。アプリ内の動作で利用します。

② 空のアプリ作成とデータソース追加

Power Apps Studioで空のアプリを作成し、データソースとして作成した3つのSharePointリストを追加します。

アプリの新規作成

❶
Power Apps画面を開き［アプリ］をクリックする。

❷
［新しいアプリ］－［キャンバス］をクリックする。

❸
ブラウザーの別タブでPower Apps Studioが開くため、［空のアプリ］－［タブレットレイアウト］を選択する。

❹
空のアプリが開く。

※1つの空白の画面（Screen1）が用意されている。

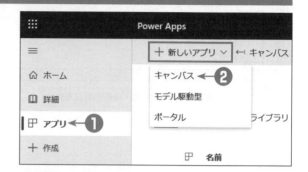

データソースの追加

❶
［データソース］をクリックする。

❷
コネクター一覧より［SharePoint］を選択し、自分の
メールアドレスが表示されている接続を選択する。
※自分の接続が表示されない場合は［接続の追加］
をクリックして追加する。

❸
接続先のSharePointサイトのURLを指定し、［接
続］をクリックする。
※最近利用したサイトの一覧に接続先サイトが表示
されている場合は、それをクリックする。

❹
指定したサイト内のリストが一覧表示されるため、
接続したいリストとして次の3つを選択し、［接続］
をクリックする。
●購買申請
●購買明細
●発注先一覧

❺
アプリにデータソースが追加されたことを確認す
る。

❻
アプリ名を任意に付けて、いったん保存しておく。

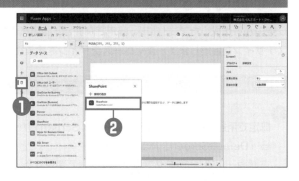

③ 画面デザイン

　空白から作成したアプリには、既定で画面が1つ用意されています。既定で用意された空白の画面に、アプリのベースデザインを編集します。またベースデザインを編集後、その画面を複製してその他の画面を作成します。

既定の画面を編集

❶

既定で用意されている画面の名前を 「Screen1」から「DefaultScreen」に変更する。
※画面一覧で、名前をダブルクリックして変更する。

❷

DefaultScreen内に［挿入］−［アイコン］−［四角形］をクリックして、四角形アイコンを挿入する。
またプロパティを次のように設定する。

プロパティ	数式
Fill	任意の色
X	0
Y	0
Width	1366（画面の横幅サイズと同じ）
Height	80

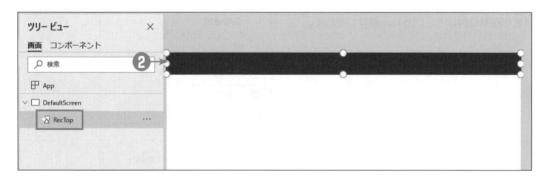

※画面では挿入した四角形アイコンの名前を「RecTop」に変更している。

❸

［挿入］タブの［ラベル］をクリックし、ラベルを挿入する。挿入したラベルを、前の手順で挿入した四角形内の任意の場所に移動し、Textプロパティを "購買申請"と設定する。またフォントサイズや色も任意に設定する。
※画面では挿入したラベルの名前を「lblTop」に変更している。

❹

ツリービューで配置した四角形とラベルを Ctrl キーを押しながら複数選択し、右クリックして［グループ］をクリックする。

▶選択した項目がグループ化される。

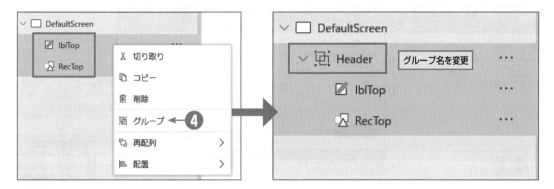

※画面ではグループ名を「Header」と変更している。

画面の複製

❶

画面一覧より、DefaultScreenの［...］メニューから［画面の複製］をクリックする。

❷

複製された画面の名前を「FormScreen」に変更する。

❸

FormScreen内のラベルを削除する。

❹

［挿入］－［アイコン］から任意のアイコンを追加する。位置やサイズ、色を変更し、OnSelectプロパティを次のように設定する。

```
Navigate(DefaultScreen)
```

※画面ではアイコン名を「IcnBack」に変更し、四角形とグループ化している。

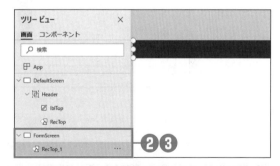

④ マスターと詳細の一覧表示

ギャラリー、表示フォーム、データテーブルコントロールを利用して、DefaultScreen に購買申請リストのデータと購買明細リストのデータを一覧表示します。

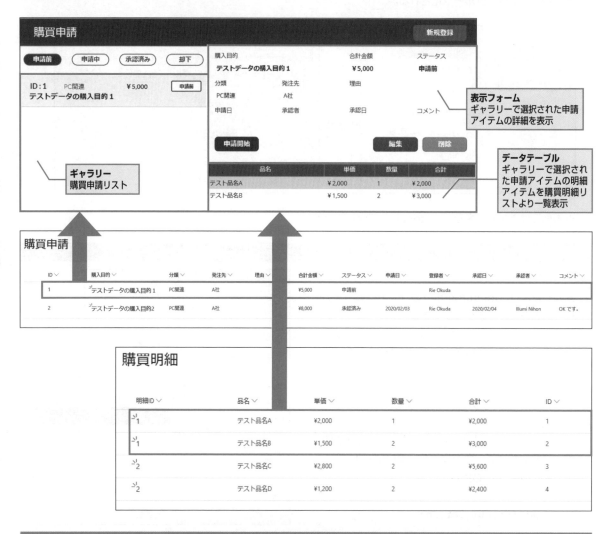

フィルターメニューの作成

ステータスを一覧表示し、申請アイテム一覧のフィルターを行うメニューを作成します。

①

DefaultScreen内に、[挿入]－[ギャラリー]－[横] をクリックしてギャラリーコントロールを挿入する。
またItemsプロパティを次のように設定する。

```
["申請前", "申請中", "承認済み", "却下"]
```

②

ギャラリー内の1件目を選択し、[挿入]－[ボタン]
をクリックしてボタンを挿入する。
またTextプロパティを次のように設定する。

```
ThisItem.Value
```

※画面ではボタン名を「BtnFilter」に変更している。

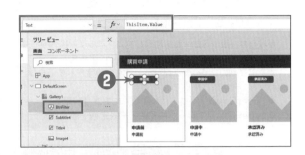

③

ギャラリー内のボタン以外のコントロールを削除す
る。

④

アイテムの横幅、高さを調整する。

⑤

ボタンのプロパティを次のように設定する。
※この時点で数式の「typeFilter」にエラーを示す下線が表示されても、次ページの手順❼まで行えば表示が消え
る。

プロパティ	数式
X	12
Y	24
Width	110
Height	32

プロパティ	数式
BorderColor	DarkBlue
Color	If(typeFilter=ThisItem.Value, White, CornflowerBlue)
Fill	If(typeFilter=ThisItem.Value, CornflowerBlue, White)
OnSelect	Set(typeFilter, ThisItem.Value)

⑥

ギャラリーのプロパティをさらに次のように編集す
る。

プロパティ	数式
X	0
Y	80
Width	565
Height	80
ShowScrollbar	false
BorderColor	任意の色
BorderStyle	Solid
BorderThickness	1

※画面ではギャラリー名を「FilterGallery」に変更している。

⑦

AppのOnStartプロパティを次のように設定する。

```
Set(_userEmail, User().Email);
Set(typeFilter, "申請前");
```

ヒント

ギャラリーコントロールを利用したフィルターメニューの作成

ギャラリーコントロールを利用して、フィルター操作が行えるメニューを作成しています。ギャラリー内ボタンのOnSelectプロパティでグローバル変数**typeFilter**に選択値をセットしています。
またアプリのOnStartプロパティで次の設定をしています。

● **_userEmail**（グローバル変数）にアプリ利用者のメールアドレスを設定
● **typeFilter**（グローバル変数）に既定値を設定

ギャラリーによる申請アイテムの一覧表示

画面左部にギャラリーコントロールを挿入し、購買申請リスト内のアイテムを一覧表示するよう設定します。

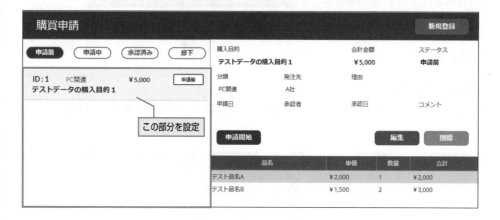

---

①

[挿入]−[ギャラリー]−[縦]をクリックしてギャラリーコントロールを追加し、プロパティを次のように設定する。

プロパティ	数式
X	0
Y	160
Width	565
Height	605

プロパティ	数式
BorderColor	任意の色
BorderStyle	Solid
BorderThickness	1

※画面ではギャラリー名を「ItemsGallery」に変更している。

❷

プロパティ画面で［データ］を設定し、ギャラリー内にラベルやボタン等を追加して、画面のように表示されるようデザイン設定する。データソースには［購買申請］を選択する。

※ラベルやボタンを追加し、配置や文字色、サイズなどを任意に調整する。また各コントロールに次の内容を表示する。

- ●"ID: "&ThisItem.ID
- ●ThisItem.分類
- ●Text(ThisItem.合計金額,"[$-ja] ￥###,###")
- ●ThisItem.購入目的
- ●ThisItem.ステータス

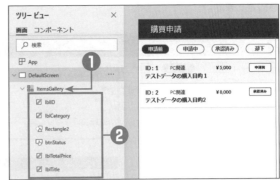

❸

ギャラリーのItemsプロパティを次のように変更する。

```
Sort(Filter(購買申請, ステータス=typeFilter && 登録者.Email=_userEmail), ID, Descending)
```

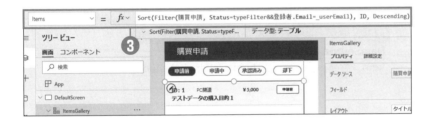

ヒント

フィルター条件について

ギャラリーのItemsプロパティにて、次のフィルター条件（AND）を設定しています。

●**選択されたステータスと等しい**

FilterGalleryのボタンを押すと**typeFilter**変数に値がセットされ、フィルター条件値に利用。
※**typeFilter**変数の既定値は「申請前」となるようアプリのOnStartプロパティで設定。

●**アプリ利用者が登録したデータ**

登録者（ユーザー列）のEmailを利用して設定。**_userEmail**変数にはOnStartプロパティでアプリ利用者のメールアドレスを設定。

SharePointは委任がサポートされているデータソースです。ユーザー列はPower Appsリリース当初は委任に利用できませんでしたが、現在は対応しています。しかしUser関数の値を条件値に利用した場合はSharePointの委任警告が表示されるため、ここでは変数に格納したUser().Emailの値を条件式で利用しています。

表示フォームによる選択アイテムの詳細表示

画面右上部に表示フォームコントロールを挿入し、ItemsGallery で選択された申請アイテムの詳細を表示するよう設定します。

❶ [挿入]-[フォーム]-[ディスプレイ] をクリックして表示フォームコントロールを追加し、プロパティを次のように設定する。

プロパティ	数式
X	565
Y	80
Width	805
Height	345

プロパティ	数式
DataSource	購買申請
Item	ItemsGallery.Selected

❷ 画面のようにデザイン設定を行う。

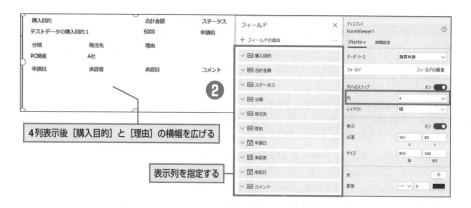

❸ 合計金額の表示形式を変更する

合計金額のカードを選択し [プロパティを変更するためにロックを解除します] をクリックしてロックを解除する。合計金額カードの Default プロパティを次のように変更する。

```
Text(ThisItem.合計金額, "￥###,###")
```

データテーブルによる明細アイテムの一覧表示

画面右下部にデータテーブルコントロールを挿入し、ItemsGalleryで選択された申請アイテムの明細項目（購買明細リスト内）を一覧表示するよう設定します。

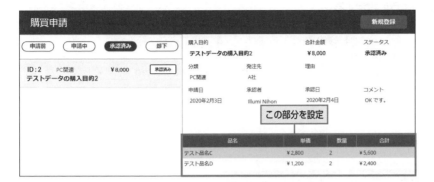

❶

[挿入]－[データテーブル]をクリックしてデータテーブルコントロールを追加し、プロパティを次のように設定する。また[品名][単価][数量][合計]列を表示する。

プロパティ	数式
X	565
Y	425
Width	801
Height	345

プロパティ	数式
Items	Filter(購買明細, 明細ID =Text(ItemsGallery.Selected.ID))

❷

表示形式を変更する

単価と合計列のTextプロパティをそれぞれ次のように設定し、通貨表示に変更する。

```
単価列：Text(ThisItem.単価, "￥###,###")
合計列：Text(ThisItem.合計, "￥###,###")
```

⑤ 申請アイテムのフォーム設定

FormScreenに、購買申請リストに新規アイテムを登録するためのフォームを作成します。登録項目には次を設定します。

- 分類、発注先：発注先一覧リストを参照
- 理由：発注先が「指定外」の場合のみ入力を必須とする
- 承認者：アプリ利用者の上司を自動的に指定する

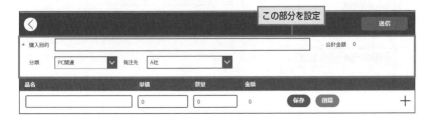

編集フォームの設定

❶ ［挿入］－［フォーム］－［編集］をクリックして編集フォームコントロールを追加し、「MasterForm」と名前を変更する。また、プロパティを次のように設定する。

プロパティ	数式
X	0
Y	80
Width	1365
Height	140

プロパティ	数式
DataSource	購買申請
Item	ItemsGallery.Selected

❷ 画面のようにデザイン設定を行う。

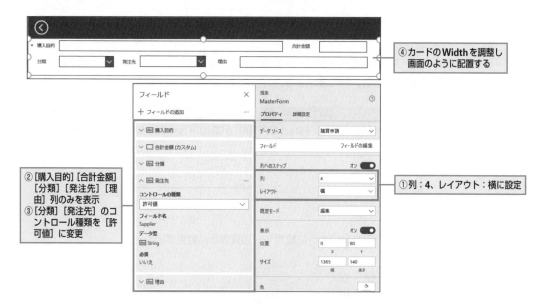

④カードの**Width**を調整し画面のように配置する

②［購入目的］［合計金額］［分類］［発注先］［理由］列のみを表示
③［分類］［発注先］のコントロール種類を［許可値］に変更

①列：**4**、レイアウト：横に設定

ドロップダウンのカスケード設定

MasterForm編集フォーム内の［分類］と［発注先］ドロップダウンのItemsプロパティを設定します。発注先一覧リストを参照し、絞り込みながら入力できるよう設定します。

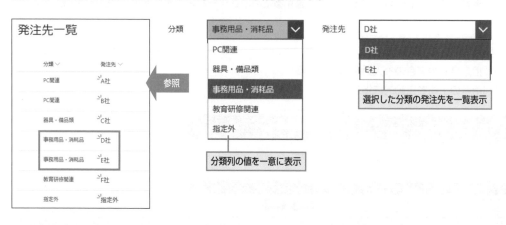

参照

選択した分類の発注先を一覧表示

分類列の値を一意に表示

❶

発注先一覧データソースをコレクションに格納する

AppのOnStartプロパティに関数を追加する。

```
Set(_userEmail, User().Email);Set(typeFilter, "申請前");
ClearCollect(SupplierCol, 発注先一覧)
```

※色文字部分を追加する。

> **ヒント**
>
> **アプリ開始時の操作**
>
> アプリの開始時に、発注先一覧データソースから取得したデータをコレクションに格納しています。コレクション操作の基本は第6章で解説しています。またPower Apps Studioでアプリ編集中にはAppメニューからOnStartの実行が行えます。

❷

分類カード内のドロップダウンの名前を「ddl Category」に変更する。

❸

発注先カード内のドロップダウンの名前を「ddl Supplier」に変更する。

❹

分類ドロップダウンの設定を行う

分類カードのロックを解除し、ドロップダウンの Itemsプロパティを次のように設定する。

```
Distinct(SupplierCol, 分類)
```

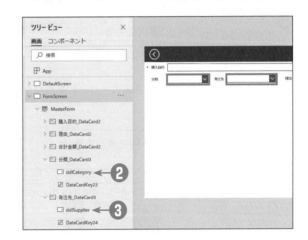

❺

分類カードのUpdateプロパティを次のように修正する。

```
ddlCategory.Selected.Result
```

※色文字部分を修正する。

❻

発注先ドロップダウンの設定を行う

発注先カードのロックを解除し、ドロップダウンのItemsプロパティを次のように設定する。

```
Filter(SupplierCol, 分類 = ddlCategory.Selected.Result).発注先
```

❼

発注先カードのUpdateプロパティを次のように修正する。

```
ddlSupplier.Selected.発注先
```

※色文字部分を修正する。

ヒント

Distinct関数

分類ドロップダウンが参照する分類列に格納される値は一意ではありません。そのためDistinct関数を利用し、重複するアイテムを削除してドロップダウンに一覧しています。また発注先ドロップダウンでは、分類ドロップダウンで選択された分類のアイテムのみ一覧するようフィルターしています。

アプリ編集中の動作確認

動作確認を行いたい場合は［App］−［OnStartを実行します］をクリックしてSupplierColコレクションに発注先一覧データソースの内容を格納します。MasterForm内の動作は Alt キーを押しながら操作を行うと、アプリのプレビューをしなくても動作確認が可能です。

ユーザー列に上司を指定する設定

承認者列にアプリ利用者の上司を自動的に指定するように設定を行います。上司の取得は［Office 365ユーザー］コネクタを利用してプロファイルから取得を行います。

❶

［Office 365ユーザー］の接続を追加する

［データソース］をクリックする。

❷

コネクタ一覧より［Office 365ユーザー］をクリックして追加する。

❸

MasterFormに［承認者］列を表示する。

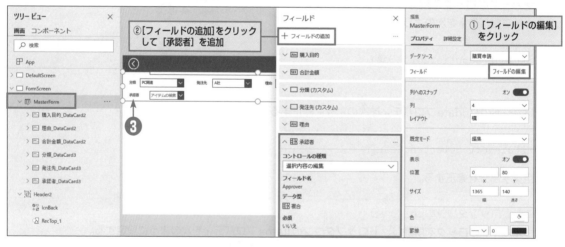

※MasterFormの高さが足りず縦スクロールが発生しても、ここでは高さを修正しなくてよい。

❹

AppのOnStartプロパティに関数を追加する。※色文字部分を追加する。

```
Set(_userEmail, User().Email); Set(typeFilter, "申請前");
ClearCollect(SupplierCol, 発注先一覧);
Set(_mgrEmail, Office365ユーザー .ManagerV2(_userEmail).mail);
Set(_mgrName, Office365ユーザー .ManagerV2(_userEmail).displayName)
```

上司のメールアドレスを取得

Office365ユーザー.ManagerV2関数を利用して上司を取得しています。**_mgrEmail**（グローバル変数）に取得した上司のメールアドレス、**_mgrName**（グローバル変数）に上司の表示名をセットしています。

❺

MasterFormで、承認者カードのロックを解除し、承認者カードのDefaultプロパティを次のように指定する。

```
{'@odata.type':"#Microsoft.Azure.Connectors.SharePoint.SPListExpandedUser",
Claims:Concatenate("i:0#.f|membership|", _mgrEmail), DisplayName: _mgrName,
Email: _mgrEmail}
```

❻

承認者カードのVisibleプロパティをfalseに設定する。

SharePointユーザー列への値の指定

SharePointのユーザー列はメールアドレスや表示名、部署名など複数の値を含む複合データ型です。Power Appsで値を設定するには次のようなJSON文字列が必要です。

```
{'@odata.type':"#Microsoft.Azure.Connectors.SharePoint.SPListExpandedUser",
Claims:Concatenate("i:0#.f|membership|", "メールアドレス"), DisplayName: "表示名",
Email: "メールアドレス"}
```

ここではアプリのOnStartプロパティで取得した**_mgrEmail**、**_mgrName**を組み合わせて上司を既定値として設定しています。

また承認者カードはVisibleプロパティをfalseとし、編集フォームには表示しないようにしています。表示はしていなくても、既定値としてセットされた上司情報はSubmitFormでデータソースに送信されます。

入力チェックと送信ボタン

入力チェック機能として次のような動作を設定し、送信ボタンを追加します。

● 入力エラー

分類＝指定外のときのみ必須

● 入力OK

合計金額は自動計算のため編集できないようにする

必要な入力が完了したらボタンを有効にする

---

❶

合計金額を読み取り設定とする

合計金額カードのロックを解除し、テキストボックスのDisplayModeプロパティを次のように設定する。

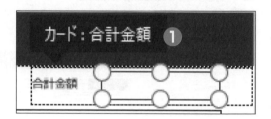

```
Parent.DisplayMode.View
```

---

❷

理由の入力チェック機能を設定する

理由カード内のテキストボックスの名前を「txtReason」に変更する。

❸

理由カードのロックを解除し、テキストボックスのOnChangeプロパティを次のように設定する。

```
UpdateContext({errReason: And(ddlCategory.Selected.Result="指定外",
IsBlank(txtReason))})
```

---

❹

分類カード内のddlCategoryドロップダウンのOnChangeプロパティも同様の設定を行う。

```
UpdateContext({errReason: And(ddlCategory.Selected.Result="指定外",
IsBlank(txtReason))})
```

---

❺

理由カード内のErrorMessageX ラベルのプロパティを次のように設定する。

プロパティ	数式
Text	" 発注先が指定外の場合は理由を記入 "
Visible	errReason

❻

理由カードのプロパティを次のように設定する。

プロパティ	数式
Visible	ddlCategory.Selected.Result = "指定外"
Update	If(ddlCategory.Selected.Result = "指定外", txtReason.Text, "-")

❼

送信ボタンを追加して設定する

[挿入]－[ボタン]をクリックしてボタンを追加し、次のようにプロパティを設定する。

プロパティ	数式
Text	"送信"
DisplayMode	If(errReason, Disabled, Edit)
OnSelect	SubmitForm(MasterForm)

※Fillプロパティは任意に設定する。

ヒント

理由列の入力チェック

「分類列の選択値＝指定外 & 理由列が空白」の場合、errReason（コンテキスト変数）の値をtrue、そうではない（正しい入力）の場合はfalseとするよう、理由列のテキストボックスと分類列のドロップダウンのOnChangeプロパティを設定しています。またerrReason変数の値はエラーメッセージの表示／非表示、および送信ボタンの有効／無効を切り替える設定のため利用しています。

理由カードのUpdateプロパティ

編集フォームでは各カードのUpdateプロパティをSubmitForm関数実行時に、該当列に反映します。①分類で「指定外」を選択する、②理由の入力、③分類を「指定外」以外に変更する（理由カードは非表示となるが理由テキストボックスに入力値は残っている）、のようなユーザー操作を想定し、分類が「指定外」ではない場合、テキストボックスの入力値に関わらず「-」を送信するように設定しています。

[新規登録]ボタンと[編集]ボタンの追加

DefaultScreenに[新規登録]ボタンと[編集]ボタンを追加し、動作を設定します。

❶

DefaultScreen内にボタンを2つ追加し、位置やFillプロパティを任意に設定する。

❷

それぞれのボタンの名前とプロパティを次のように設定する。

ボタン名	プロパティ	数式
BtnNew	Text	"新規登録"
	OnSelect	NewForm(MasterForm); Navigate(FormScreen);
BtnEdit	Text	"編集"
	OnSelect	EditForm(MasterForm); Navigate(FormScreen);
	Visible	ItemsGallery.Selected. ステータス = "申請前"

⑥ 明細フォームの設定

購買明細リストに明細アイテムを登録するためのフォームを作成します。

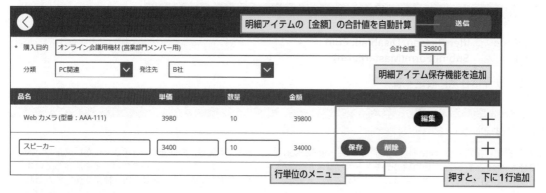

- 明細は複数アイテム入力できるよう、繰り返して行を追加できるようにする。
  1行ずつ［保存］［削除］［編集］の各ボタンを用意する。
- 明細アイテムの金額列の合計を、申請アイテムの合計金額に自動表示させる。
- ［送信］ボタンの押下時の動作に、複数の明細アイテムを保存する機能を追加する。

ラベルを追加

1

ラベルを4つ横並びに配置して、それぞれのTextプロパティ（"品名"、"単価"、"数量"、"金額"）を設定する。

2

各ラベルのFillプロパティとColorプロパティを任意の色に設定する。

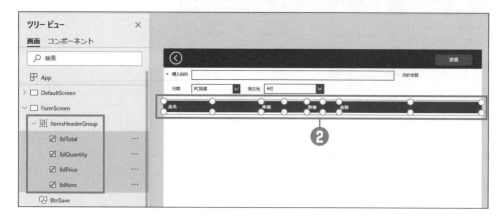

※画面では4つのラベルをグループ化し、ラベル名も変更している。

ギャラリーを利用した入力フォーム

❶

DefaultScreen内にある新規登録ボタンのOnSelectプロパティに関数を追加する。

```
NewForm(MasterForm); Set(mode, "new"); ClearCollect(DetailCol,
{Item:"", Quantity:0, Price:0, Total:0, saveBtn:true}); Navigate(FormScreen);
```

※色文字部分を追加する。

ヒント

[新規登録] ボタンに追加した機能

1つの申請アイテムに対して、明細アイテムは複数となります。明細アイテムは1件ずつデータソースに送信せず、コレクションに格納し、まとめて送信するように設定を行う予定です。そのためDefaultScreenに配置ずみの [新規登録] ボタンに対して、次の操作を追加しています。

● Set(mode, "new")
　明細アイテムの送信は、編集フォームのOnSuccessプロパティで行うようこの後の手順で設定を行います。新規での追加であることを判断できるよう、mode（グローバル変数）に値をセットしています。

● ClearCollect(DetailCol, {Item:"", Quantity:0, Price:0, Total:0, saveBtn:true})
　DetailColという名前のコレクションを新規作成します。Item、Quantity、Price、Total、saveBtnの5つの列を持つレコードを既定値とともにコレクションに1件追加しています。

❷

[挿入]－[ギャラリー]－[縦方向（空）] をクリックしてギャラリーコントロールを追加する。位置やサイズを任意に調整し、データソースは [DetailCol]、レイアウトは [タイトル] を選択する。

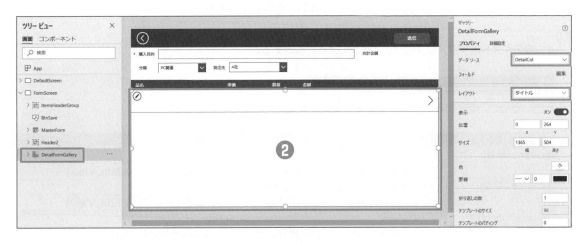

※画面ではギャラリー名を「DetailFormGallery」に変更している。

③ ギャラリー内で、次のようにコントロールの追加、削除を行う。

※ギャラリーの1行目を選択した状態で各コントロールを追加する。

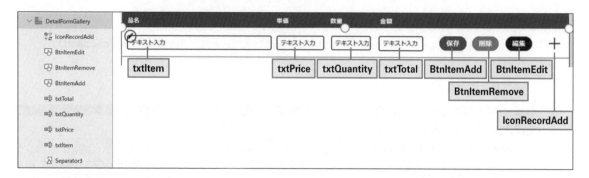

作業	コントロール名（用途）	操作の概要
コントロールの削除	TitleX	①レイアウト[タイトル]により既定で配置されているラベルとアイコンを削除する
	NextArrowX	
コントロールの追加	txtItem（品名）	②テキストボックスを4つ追加し、コントロール名を変更する
	txtPrice（単価）	③位置やサイズを調整する
	txtQuantity（数量）	
	txtTotal（金額）	
	BtnItemAdd（保存）	④ボタンを3つ追加し、コントロール名を変更する
	BtnItemRemove（削除）	⑤位置やサイズ、Fill プロパティを任意に調整する
	BtnItemEdit（編集）	⑥Text プロパティをそれぞれ "保存"、"削除"、"編集" とする
	IconRecordAdd	⑦アイコンを1つ追加し、コントロール名を変更する
		⑧位置やサイズを調整する

④ 4つのテキストボックスのプロパティを次のように設定する。

テキストボックス名	プロパティ	数式
txtItem（品名）	Default	ThisItem.Item
	DisplayMode	If(ThisItem.saveBtn, DisplayMode.Edit, View)
txtPrice（単価）	Default	ThisItem.Price
	DisplayMode	If(ThisItem.saveBtn, DisplayMode.Edit, View)
txtQuantity（数量）	Default	ThisItem.Quantity
	DisplayMode	If(ThisItem.saveBtn, DisplayMode.Edit, View)
txtTotal（金額）	Default	txtPrice.Text * txtQuantity.Text
	DisplayMode	DisplayMode.View

⑤ 3つのボタンのプロパティを次のように設定する。

ボタン名	プロパティ	数式
BtnItemAdd （保存）	OnSelect	Patch(DetailCol, ThisItem, {Item:txtItem.Text, Quantity:Value(txtQuantity.Text), Price:Value(txtPrice.Text),Total:Value(txtTotal.Text), saveBtn:false});
	Visible	ThisItem.saveBtn
BtnItemRemove （削除）	OnSelect	Remove(DetailCol, ThisItem)
	Visible	ThisItem.saveBtn
BtnItemEdit （編集）	OnSelect	Patch(DetailCol, ThisItem, {saveBtn:true})
	Visible	!ThisItem.saveBtn

ヒント

追加した3つのボタンとその役割

次のように動作設定を行いました。DetailColコレクションのsaveBtn（Boolean型）は各テキストボックスのDisplayMode
プロパティ、および各ボタンのVisibleプロパティで利用しています。

- ●[保存] ボタン：DetailColコレクションのアイテムを上書き（テキストボックスの入力値を反映し、saveBtnをfalseに）
- ●[削除] ボタン：DetailColコレクションのアイテムを削除
- ●[編集] ボタン：DetailColコレクションのアイテムを上書き（saveBtnをtrueに）

---

❻

IconRecodeAddアイコンのOnSelectプロパティを次のように設定する。

```
Collect(DetailCol, {Item:"", Quantity:0, Price:0, Total:0, saveBtn:true});
```

ヒント

Collect関数で設定した内容

アイコンを押すと明細行を1行追加する動作にするため、DetailColコレクションに既定値とともに1レコード追加してい
ます。

---

❼

MasterFormの合計金額テキストボックスのDefaultプロパティを次のように設定する。

```
Sum(DetailCol, Total)
```

送信ボタンに機能を追加

FormScreen上部に配置済みの送信ボタンのOnSelectプロパティは、以前の手順で設定済みです。SubmitForm
関数により、購買申請リストへの送信を行っています。購買申請リストへの送信後に、明細アイテムを送信する設定
を追加します。

❶ MasterFormのOnSuccessプロパティを次のように変更する。

※数式内の「品名」「単価」「数量」「合計」「明細ID」はSharePointの列名。数式内でSharePointの列名を記述
　する場合、列の内部名・表示名のどちらも利用できる。画面では「明細ID」列を内部名である「Title」と指定

```
ForAll(DetailCol,
    Patch(購買明細, Defaults(購買明細),
    {品名: Item, 単価: Price, 数量: Quantity, 合計: Total,
    明細ID: MasterForm.LastSubmit.ID}));
Refresh(購買申請); Refresh(購買明細); Navigate(DefaultScreen)
```

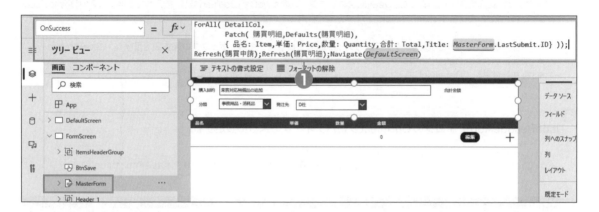

ヒント

OnSuccessプロパティに追加した操作

次の操作を追加しています。
- 明細アイテムをデータソースに新規追加：ForAll関数によりDetailColコレクション内のすべてのレコードに対して処理
　（Patch関数で購買明細リストに新規アイテムを追加）を行っています。
- データソース更新と画面移動

⑦ 編集機能の追加

既存の明細アイテムを編集する際の動作を追加します。

❶ DefaultScreen内にある編集ボタンのOnSelectプロパティに関数を追加する。

```
EditForm(MasterForm); Set(mode, "edit"); Clear(DetailCol);
ForAll(Filter(購買明細, Title=Text(ItemsGallery.Selected.ID)),
Collect(DetailCol, {Item:品名, Quantity:数量, Price:単価, Total:合計, saveBtn:false}));
Navigate(FormScreen);
```

※色文字部分を追加する。

ヒント

OnSelectプロパティに追加した操作

次の操作を追加しています。

●Set(mode, "edit")

明細アイテムの送信は、編集フォームのOnSuccessプロパティで行うようこの後の手順で設定を行います。既存アイテムの更新操作であることを判断できるよう、mode（グローバル変数）に値をセットしています。

●Clear(DetailCol);
　ForAll(Filter(購買明細, Title=Text(ItemsGallery.Selected.ID)),
　Collect(DetailCol, {Item:品名, Quantity:数量, Price: 単価, Total:合計, saveBtn:false}));

Clear関数でDetailColコレクションのすべてのレコードを削除しています。その後、ForAll関数により、ItemsGalleryで選択された申請アイテムの明細アイテムを、DetailColコレクションに格納しています。

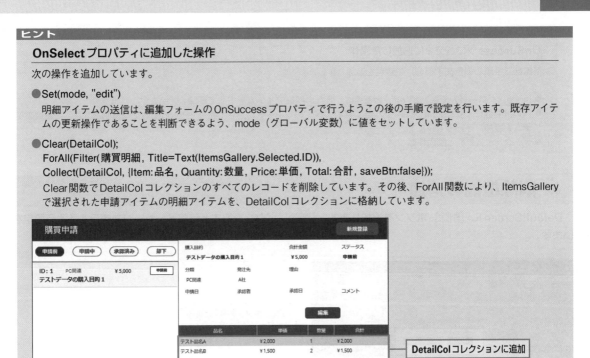

DetailColコレクションに追加

❷

FormScreen内にあるMasterForm（編集フォーム）のOnSuccessプロパティに関数を追加する。

```
If(mode = "edit",
    RemoveIf(購買明細, 明細ID = Text(MasterForm.LastSubmit.ID)));
ForAll(DetailCol,
    Patch(購買明細, Defaults(購買明細),
        {品名: Item, 単価: Price, 数量: Quantity, 合計: Total,
            明細ID: MasterForm.LastSubmit.ID}));
Refresh(購買申請); Refresh(購買明細); Navigate(DefaultScreen)
```

※色文字部分を追加する。

OnSuccess プロパティに追加した操作

下線部（手順❷の色文字部分）の処理を追加しました。

- mode（グローバル変数）が"edit"のときに、既存の明細アイテムをすべて削除しています。
- ForAll関数によりDetailColコレクション内のすべてのレコードに対して処理（Patch関数で購買明細リストに新規アイテムを追加）を行っています。
- データソース更新と画面移動

⑧ 削除機能の追加

DefaultScreenに［削除］ボタンを追加します。［削除］ボタンを押すと確認メッセージを表示するよう設定を行います。

［削除］ボタンを押すと確認メッセージが表示される

確認メッセージから削除を選択すると、選択されている購買申請データと、それに紐付く明細データをまとめて削除する動作を設定します。

❶

DefaultScreenにボタンを2つ追加し、次のようにプロパティを設定する。

ボタン名	プロパティ	数式
BtnMsg （削除）	Text	"削除"
	OnSelect	Set(msg,true);
	Visible	BtnEdit.Visible
BtnFlow （申請開始）	Text	"申請開始"
	OnSelect	false（※ここでは設定せず、第9章で行う）
	Visible	BtnEdit.Visible

［削除］ボタンで行っている操作

［削除］ボタンのOnSelectプロパティは、この後に作成する確認メッセージの表示/非表示を切り替えるため、msg（グローバル変数）にtrue値をセットしています。

❷

AppのOnStartプロパティを次のように変更する。

```
Concurrent(Set(_userEmail, User().Email), Set(typeFilter, "申請前"),
Set(msg, false), ClearCollect(SupplierCol, 発注先一覧));
Set(_mgrEmail, Office365ユーザー .ManagerV2(_userEmail).mail);
Set(_mgrName, Office365ユーザー .ManagerV2(_userEmail).displayName)
```

※色文字部分を追加する。

ヒント

AppのOnStartプロパティに追加した内容

ここまでの手順では、次のように5つの関数をOnStartプロパティに設定していました。

```
変更前：
Set(_userEmail, User().Email); Set(typeFilter, "申請前");
ClearCollect(SupplierCol, 発注先一覧);
Set(_mgrEmail, Office365ユーザー .ManagerV2(_userEmail).mail);
Set(_mgrName, Office365ユーザー .ManagerV2(_userEmail).displayName)
```

手順❷ではmsg（グローバル変数）に既定値としてfalseを設定するようSet関数を追加しました。あわせてConcurrent関数により、同時実行可能な関数は同時に実行するよう変更しています。

---

❸

確認メッセージをデザインする

[挿入]－[アイコン]－[四角形]で四角形を1つ配置し、画面と同じサイズとする。またFillプロパティをRGBA(0,0,0,0.4)と設定する。

※ここで配置した四角形は、画面の薄いグレー背景（透過）の部分になる。

❹

[挿入]－[アイコン]－[四角形]で四角形をもう1つ配置し、サイズや罫線を任意に設定する。

※ここで配置した四角形は、画面中央のダイアログ部分になる。

❺

ラベルを追加し、画面のように前の手順で追加した四角形とあわせてダイアログのように配置する。

❻

ラベルのTextプロパティを次のように設定する。

```
"    本当に削除しますか？ "
```

※見やすくするため、文字列の先頭に空白文字を入力している。

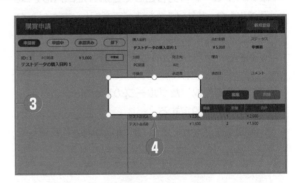

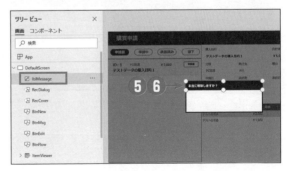

⑦

画面のようにボタンを2つ追加し、それぞれのプロパティを次のように設定する。

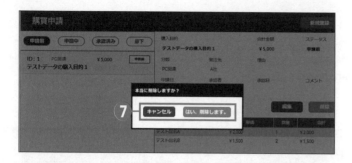

ボタン名	プロパティ	数式
BtnCancel （キャンセル）	Text	"キャンセル"
	OnSelect	Set(msg, false)
BtnDelete （はい、削除します。）	Text	"はい、削除します。"
	OnSelect	Remove(購買申請, 　　First(Filter(購買申請, ID=ItemsGallery.Selected.ID))); Removelf(購買明細, 明細ID=Text(ItemsGallery.Selected.ID)); Set(msg, false)

⑧

確認メッセージの内容として追加した四角形2つ、
ラベル1つ、ボタン2つをすべて選択し、右クリック
して［グループ］をクリックする。

▶選択した項目がグループ化される。

⑨

前の手順で作成したグループのVisibleプロパティ
を「msg」と設定する。

※画面ではグループ名を「MsgGroup」に変更して
いる。

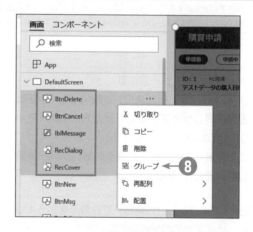

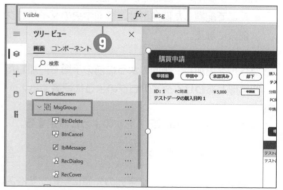

2 リストフォームの編集

　SharePointリストはSharePointサイト内で作成し、利用できるテーブル構造でデータを管理する画面です。リストにはフォームが用意されており、列を作成するだけですぐに利用可能です。既定で用意されるフォームをそのまま利用することもできますが、業務内容に応じてフォームの機能やデザインを変更したい場合、フォームをPower Appsで編集する機能が用意されています。

　リストフォームをPower Appsで編集したい場合、SharePointリストから直接Power Apps Studioを開いて編集、および発行が行えます。既定のリストフォームがPower Appsで編集したフォームに置き換わり、リスト内でシームレスに操作できます。

　SharePointリストはPower Appsとあわせて利用する場合、次の2パターンの連携が可能です。

- Power Appsキャンバスアプリのデータソースとして利用
- リストフォームの編集ツールとしてPower Appsを利用

　リストフォームをPower Appsで編集した場合、Power Appsアプリを作成しているわけではないため、Power Appsモバイルアプリで利用できるわけではありません。SharePointリストからの操作でリスト内のフォームとして動作します。

　ここではSharePointリストフォームの編集を行いながら、基本操作やSharePointリストフォームの編集時に利用できる設定例等を解説します。

> 以前の章で解説済みの内容についてはステップバイステップでの手順を省略し、設定ポイントのみ記載している箇所があります。

リスト作成

次の2つのSharePointリストを作成します。

- アカウント作成依頼リスト：Power Appsでフォームを編集します。
- Memberリスト：アカウント作成依頼リストから参照します。

アカウント作成依頼リスト

次のリストを作成します。

アカウント作成依頼

ID ⌄	対象システム ⌄	理由/備考 ⌄	対象者 ⌄	希望日 ⌄	ステータス ⌄	対応日 ⌄	更新日時 ⌄
1	AAA	管理部門の担当者追加のため、管理権限でお願いします。	User14	2020/02/11	完了	2020/02/25	数秒前
2	BBB	異動のため	User13	2020/02/17	新規受付		数秒前

- **リスト名：アカウント作成依頼**

- **列構造**

はじめに付ける列名（内部名）	選択する種類	概要	変更後の列名（表示名）
Title		既定の [タイトル] 列の列名変更	**対象システム**
Memo	複数行テキスト		**理由/備考**
Target	ユーザー（個人）		**対象者**
PreferredDate	日付		**希望日**
Status	選択肢	・選択肢は次の3つ　新規受付、完了、却下　・既定値：新規受付　　選択肢 *　　　新規受付　　　完了　　　却下　　　☐ 値を手動で追加できます ⓘ　　既定値　　　新規受付　⌄	**ステータス**
CompletedDate	日付		**対応日**

- **ビュー（すべてのアイテム）の編集：**
  列の表示および並び順を、ID、対象システム、理由/備考、対象者、希望日、ステータス、対応日、更新日時、更新者 となるように設定する。

- **サンプルデータの登録：**
  クイック編集機能を利用し、サンプルデータを数件登録する。

Member リスト

申請データの［分類］列と［発注先］列のドロップダウン一覧として参照するリストです。

- リスト名：**Member**
- 列構造

列名	選択する種類
タイトル	既定の［タイトル］列をそのまま利用
Member	ユーザー

- サンプルデータの登録：
  クイック編集機能を利用し、サンプルデータを数件登録する。

フォーム編集画面と既定の内容

アカウント作成依頼リストのフォームを利用し、Power Appsでフォームを編集する画面を開いてみます。また、既定の内容を確認しましょう。

フォーム編集画面を開く

❶
アカウント作成依頼リストを開き、［Power Apps］
－［フォームのカスタマイズ］をクリックする。

❷
Power Apps Studioでフォームの編集画面が開
く。

既定の内容確認

　リストからPower Apps Studioを開いた場合、FormScreen1という名前の画面が既定で含まれていることが確認できます。また画面内に含まれているコントロールは編集フォーム1つです。

　SharePointリストには、データの一覧画面であるビューがあるため、多くの場合必要な機能は、新規登録フォーム、編集フォーム、特定アイテムの表示画面の3つといえます。Power Apps Studioで開いた既定の状態では、画面内に含まれるSharePointForm1（編集フォーム）が3つの役割を含んでいます。第3章で解説したとおり編集フォームにはフォームモードが3つありますが、これを利用し新規フォーム、編集フォーム、表示フォームを兼ね備えた状態が既定です。フォームや画面の数はニーズに応じて自由に編集でき、利用できるコントロールや関数はPower Appsキャンバスアプリを作成するときと同様です。

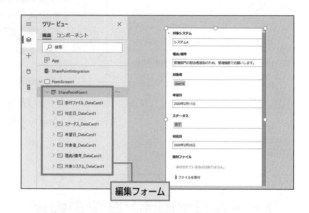

編集フォーム

　キャンバスアプリとは異なる点として確認したい点はSharePointIntegrationです。ツリービュー内にキャンバスアプリ作成時にはなかった［SharePointIntegration］という内容が確認できます。SharePointIntegrationには「On」から始まるプロパティを5つ持ち、SharePointリスト上でユーザーが行った操作と対応しています。

- OnNew
  編集フォームのモードをNewに
- OnEdit
  編集フォームのモードをEditに
- OnView
  編集フォームのモードをViewに
- OnSave
  編集フォームの内容を送信
- OnCancel
  編集フォームをリセット

ポイント　フォームサイズの変更

　標準のリストフォームの場合、フォームを開くと画面右側に表示されます。フォームのサイズを変更したい場合、Power Apps Studioでフォーム編集画面を開いた後、[ファイル]メニューの[設定]内にある[画面のサイズと向き]で変更が可能です。

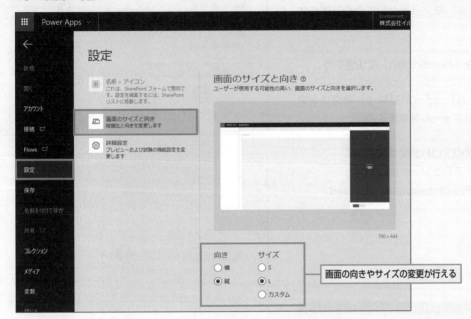

フォームの編集

アカウント作成依頼リストのフォームを次のように編集します。

新規入力時

新規入力時に必要な列のみ表示

編集時

編集時に必要な列を表示
一部項目は特定メンバーのみ編集できるように添付ファイルの上限数を設定

表示時

表示時は入力/編集時とは異なるデザインに

表示画面の作成

既定では編集フォームを含む1つの画面を、アイテムの新規入力、編集、表示時に利用する設定となっています。ここでは、表示の際は異なるデザインで表示されるように画面を追加します。

❶

[新しい画面]-[空] をクリックして画面を追加する。

❷

追加した画面名を「DispScreen」に変更する。

❸

[挿入]-[フォーム]-[ディスプレイ] をクリックし、画面内に表示フォームを追加する。

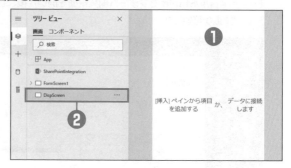

❹

表示フォームの次のプロパティを設定する。
- DataSource：アカウント作成依頼
- Item：SharePointIntegration.Selected

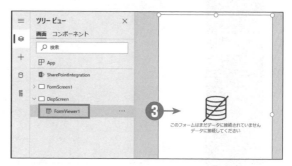

ヒント

SharePointIntegration

SharePointIntegration は、SharePoint リストで行われたユーザー操作に関する情報を Power Apps とやり取りするために利用します。
Item プロパティには、リストフォーム編集時に利用できる SharePointIntegration を利用しています。このように設定することで、リストで選択されたアイテムが表示フォームで表示されます。

❺

表示フォーム内のデザインを任意に編集する。

※画面は例を示す。

⑥

SharePointIntegrationのOnViewプロパティを次のように変更する。

```
Navigate(DispScreen)
```

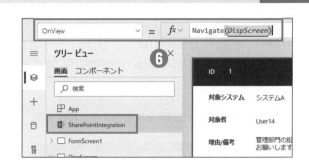

ヒント

OnViewプロパティ

SharePointIntegrationのOnViewプロパティには、SharePointリスト上でアイテムを表示する操作が行われたときに、Power Appsで行う動作が指定できます。ここではDispScreenを開くように設定しました。

編集フォームの設定変更

❶

FormScreen1内の編集フォームに対して、表示レイアウトを任意に変更する。
- 配置順は［対象システム］［対象者］［理由/備考］［希望日］［ステータス］［対応日］［添付ファイル］にする。
- ［理由/備考］のテキストボックスはモードを［複数行］に変更する。

❷

対象システムの入力コントロールをラジオボタンに変更する

対象システムカードのロックを解除し、テキストボックスを削除する。

※X、Yプロパティに関するエラーは任意に修正する。

❸
カードを選択した状態で［挿入］−［入力］−［ラジオ］
をクリックし、対象システムカード内にラジオボタ
ンを追加する。

❹
ラジオボタンのプロパティを次のように設定する。

プロパティ	数式
Items	["AAA", "BBB", "CCC"]
Layout	Layout.Horizontal
Default	Parent.Default

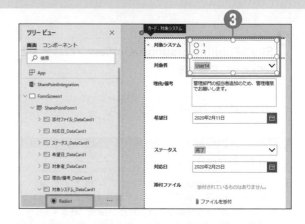

❺
対象システムカードのUpdateプロパティを次のよ
うに設定する。

```
Radio1.Selected.Value
```

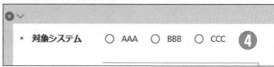

❻
対象者の既定値を設定する
対象者カードのロックを解除し、対象者カードのDefaultプロパティを次のように設定する。

```
If(SharePointForm1.Mode=FormMode.New,
{'@odata.type':"#Microsoft.Azure.Connectors.SharePoint.SPListExpandedUser",
Claims:Concatenate("i:0#.f|membership|", User().Email),
DisplayName:User().FullName, Email:User().Email}, ThisItem.対象者)
```

ヒント

ユーザー列への現在のユーザーを指定

ユーザー列に現在のユーザーをセットするには次を指定します。

```
{'@odata.type':"#Microsoft.Azure.Connectors.SharePoint.SPListExpandedUser",
Claims:Concatenate("i:0#.f|membership|", User().Email),
DisplayName:User().FullName, Email:User().Email}
```

編集フォームのモードを意識して設定

編集フォームのフォームモードがNewのときは既定値として現在のユーザーを指定し、Editのときは列の値を表示するよ
う指定を行っています。複数のフォームモードを1つの編集フォームで利用する場合、Defaultプロパティの設定はフォー
ムモードを意識した上で行います。

❼
添付ファイルの上限を指定する
添付ファイルカードのロックを解除し、添付ファイ
ルコントロールのプロパティを右のように変更す
る。
※ここでは添付ファイルの上限を1つと設定。

プロパティ	数式
MaxAttachments	1
MaxAttachmentsText	"添付完了"

8

SharePointIntegrationのOnNewプロパティとOnEditプロパティを次のように変更する。

●OnNew

```
NewForm(SharePointForm1); Navigate(FormScreen1)
```

●OnEdit

```
EditForm(SharePointForm1); Navigate(FormScreen1)
```

※色文字部分を追加する。

ユーザーに対するフォーム操作

対応日と添付ファイルは、一部のメンバーのみ編集できるように設定を行います。編集できるメンバーはMemberリストに登録されたユーザーのみとし、それ以外のユーザーが開いた場合は読み取りとなるように設定します。

Memberに含まれる場合

Memberに含まれない場合

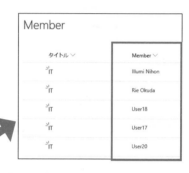

フォーム利用者がMemberに含まれている場合、
編集可能にする

1

デザインを変更する

ステータスカードのロックを解除し、列名ラベルの上にラベルを追加する。

※カードの高さは任意に調整。

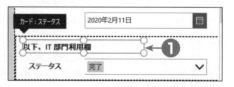

2

ラベルの位置やサイズを任意に調整し、Textプロパティを指定する。

3

ステータス、対応日、添付ファイルの3つのカードに対し、Fillプロパティを変更して背景色を指定する。

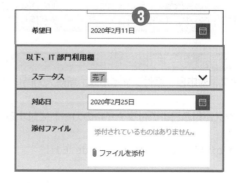

❹
データソースを追加する
事前に作成したMemberリストをデータソースとして追加する。
※SharePointコネクタを利用。

❺
アプリのOnStartプロパティを次のように設定する。

```
Set(_user, User().Email);
ClearCollect(ITUser, First(Filter(Member, _user = Member.Email)));
```

❻
ステータス、対応日、添付ファイルの各入力コントロールに対して、DisplayModeプロパティを次のように設定する。

```
If(IsEmpty(ITUser), View, Edit)
```

ヒント

アプリのOnStartプロパティで行った設定内容

アプリのOnStartプロパティで次の操作を行うよう設定しました。

- User().Email を利用して現在のユーザーのメールアドレスを _user 変数にセット
- Member リスト内から「Member列（Email値）と_userが等しい」というフィルター条件で取得した結果をITUser コレクションに格納（現在のユーザーがMemberリストに登録されていない場合ITUserリストは空となる）

一部のメンバーのみ編集させたい入力コントロールのDisplayModeプロパティを、ITUserコレクションが空かどうかを利用して設定を行っています（同様の内容で、グループを利用して行う内容は第6章で解説しています）。

入力項目の表示 / 非表示

ステータス、対応日、添付ファイルは、新規入力時には表示し内容設定を行います。

❶
ステータス、対応日、添付ファイルのカードに対するVisibleプロパティを次のように設定する。

```
SharePointForm1.Mode=FormMode.Edit
```

添付ファイル付きのメールを送信

保存時に、ステータスが「完了」であり、添付ファイルがある場合には、添付ファイルを付けたメールを送信する機能を追加します。

❶
データソース一覧を開く。

❷
コネクタを展開して [Office 365 Outlook] をクリックし、さらに [Office 365 Outlook（自分のメールアドレスが表示）] をクリックする。

❸
アプリ内に接続が追加されたことが確認できる。

❹
ツリービューに戻る。

❺
FormScreen1を開き、SharePointForm1内の [添付ファイル] カードの添付ファイルコントロール名を「AddFile」に変更する。

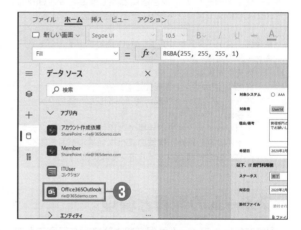

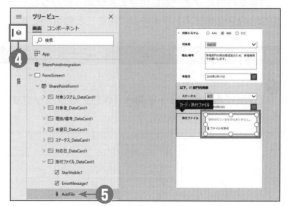

⑥

SharePointForm1のOnSuccess プロパティを次のように変更する。

```
If(And(SharePointForm1.LastSubmit.ステータス.Value="完了",
!IsEmpty(AddFile.Attachments)),
Office365Outlook.SendEmailV2(SharePointForm1.LastSubmit.対象者.Email,
"[アカウント作成完了]", "アカウント作成が完了しました。添付ファイルを確認ください。",
{Attachments:AddColumns(RenameColumns(AddFile.Attachments, "Value",
"ContentBytes"), "@odata.type", "")}));
ResetForm(SharePointForm1); RequestHide()
```

※色文字部分を追加する。

ヒント

Office 365 Outlook コネクタを利用したメール送信

第4章でも同様にメール送信に利用しましたが、Office 365 Outlook コネクタを利用しメールを送信しています。

- ●条件：ステータスが「完了」AND 添付ファイルがある
- ●メールの内容
  - ・宛先：対象者
  - ・件名：[アカウント作成完了]
  - ・本文：「アカウント作成が完了しました。添付ファイルを確認してください。」
  - ・添付ファイル：本文の手順では添付ファイルの最大数を1と設定したが、複数の添付ファイルがある場合は同様の設定で複数ファイルをメールに添付可能

フォームの発行と管理

　編集を行ったフォームは保存および発行を行うことで、該当リスト内で利用可能となります。また編集後に、既定のSharePointリストフォームに戻すことも可能です。

フォームの発行

①

[ファイル] メニューを開き [保存] をクリックする。

❷
保存後［SharePointに発行］をクリックする。
※表示される再確認ダイアログでも同様。

フォームの管理

❶
［設定］－［リストの設定］をクリックする。

❷
リストの設定画面が開くため、［フォームの設定］を
クリックする。

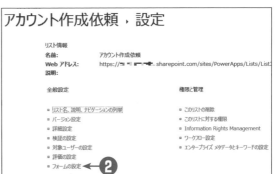

❸
フォームの設定画面が開くため、設定したい内容に
応じて変更を行い［OK］をクリックする。

● ［既定のSharePointフォームを使用する］：既定
のフォームに戻したい場合に指定する。編集した
Power Appsで編集したフォームは削除されな
い。
既定のフォームに設定後［カスタムフォームを削
除します］を選択すると、Power Appsで作成し
たフォームが削除される。

● ［Power Appsで作成したカスタムフォームを使
用します］：Power Appsで編集したフォームを
利用する場合に指定する。

ヒント

クイック編集の禁止設定

Power Apps でフォーム内に設定したルールに沿わない編集を行わせたくない場合は、あわせてクイック編集を利用させない設定が必要です。既定ではリストのクイック編集は利用できる状態で、ビューに表示されている列を一覧形式で編集できます。クイック編集時には Power Apps でフォームに設定した内容は適用されません。クイック編集を無効とするには、リストの設定画面の［詳細設定］より設定を行います。

クイック プロパティの編集

このリストでクイック編集と [詳細] ウ　このリストのアイテムを [クイック編集] と [詳細] ウィンドウを使用して編集することを許可しますか?
インドウを使用してデータを一括編集で
きるようにするかどうかを指定します。　○ はい　◉ いいえ

＋ 新規　Excel にエクスポート　PowerApps ∨　自動化 ∨　…　　　　　≡ すべてのアイテム

［クイック編集］メニューが表示されなくなる

アカウント作成依頼

ID ∨	対象システム ∨	理由/備考 ∨	対象者 ∨	希望日 ∨
1	BBB	管理部門の担当者追加のため、管理権限でお願いします。	User14	2020/02/11
2	CCC	異動のため	User13	2020/02/17

Power Automate
との連携

第 **9** 章

Power Automateは各種サービスと連携したフローを作成できるサービスです。Power AppsとPower Automateは連携することが可能です。第9章ではPower Automateと連携を行うための設定方法を解説します。

1 承認機能の利用

Power Automateは各種サービスやアプリと接続して操作やプロセスを自動化することができるサービスです。さまざまなアクションが用意されており、これらを組み合わせることでフロー作成が行えますが、作成したフローはPower Appsアプリとの連携も可能です。

ここではPower Automateで利用できる機能のひとつである承認機能を使ってフローを作成し、第8章で作成したアプリと連携する手順を紹介しながら、Power Automateで作成したフローをPower Appsアプリと連携する方法を解説します。

● **DefaultScreen** の［申請開始］ボタンでフローを実行するよう設定

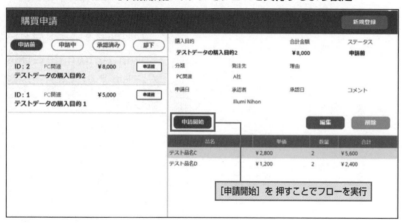

● 承認フロー

承認者に承認依頼を送信し、承認/却下を行うシンプルなフローを作成します。承認者は次のように処理が行えます。

● メールの場合

承認担当者はメール、もしくはモバイル端末にインストールしたPower Automateアプリや、承認センターから承認処理が行えます。

● 承認センターの場合

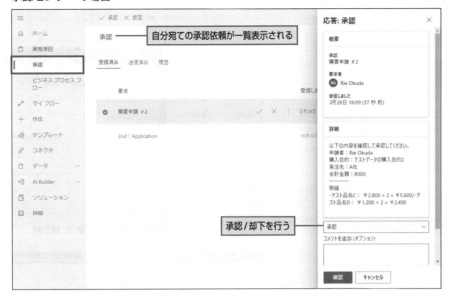

承認処理の完了後、結果をデータソースに書き込むようフローで設定します。

また申請者に結果をメール送信します。

フローの作成

Power Automateでフローを作成します。

❶

Power Automate画面を開く

Power Apps画面で［アプリ起動ツール］を開き、
［Power Automate］をクリックする。

※一覧に［Power Automate］が表示されない場合
　は、［すべてのアプリ］を開く。

▶Power Automate画面が開く。

❷

新しいフローを作成する

［作成］を開き、［インスタントフロー］をクリック
する。

❸

次の設定を行い、［作成］をクリックする。
- フロー名：「購買承認」と入力
- トリガー：［PowerApps］を選択

❹

フローの編集画面が開き、トリガー（フローの開始
条件）のみが含められていることが確認できる。

❺

対象のリストアイテムを取得するアクションを追加
する

［新しいステップ］をクリックする。

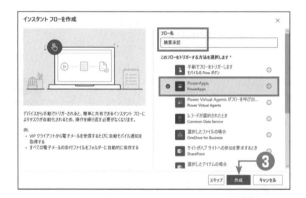

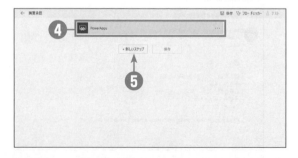

⑥

アクション選択画面で、「SharePoint」等で検索して［項目の取得］アクションを追加する。

⑦

追加した［項目の取得］アクションに次の設定を行う。

- ●［サイトのアドレス］：第8章でアプリのデータソースとなるSharePointリストを作成したサイトを指定
- ●［リスト名］：［購買申請］を選択
- ●［ID］：［動的なコンテンツ］から［PowerAppsで確認］を挿入

⑧

承認を行うアクションを設定する

［新しいステップ］をクリックし、アクション選択画面で「Approval」等で検索して［Start and wait for an approval］アクションを追加する。

※アクション名は日本語で表示されることもある。その場合は「承認」等で検索して［開始して承認を待機］アクションを追加

⑨

[Start and wait for an approval] アクションの
設定を行う

- [Approval Type]:[承認/拒否 – すべてのユー
  ザーの承認が必須] を指定
- [Title]:「購買申請＃」（＃は全角文字）と入力後、
  [動的なコンテンツ] より [項目の取得] アクショ
  ンの結果から [ID] を挿入
- [Assigned to]:[項目の取得] アクションの結果
  から [承認者 Email] を挿入
- [Details]:画面のようにメッセージ内容を入力
  後、[項目の取得] アクションの結果から各列の値
  を挿入し、「明細」と入力した後に、[動的なコン
  テンツ] から [PowerApps で確認] を挿入

⑩

条件分岐を設定する

[新しいステップ] をクリックし、アクション選択画
面で [条件] アクションを追加する。

⑪

条件を次のように指定する。

- [Outcome] [次の値に等しい] [Approve]
- ※[Outcome] は [動的なコンテンツ] の [Start
  and wait for an approval] アクションの結果
  から挿入
- ※アクション名が日本語表示の場合、[Outcome]
  は [結果] となる

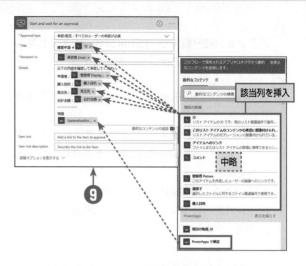

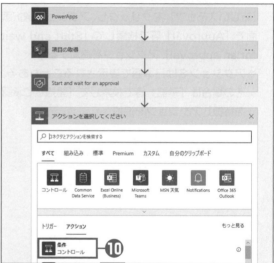

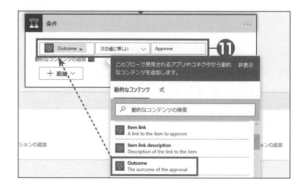

⑫

承認の場合の動作を設定する

［はいの場合］の中にある［新しいステップ］をクリックし、アクション選択画面で「SharePoint」等で検索して［項目の更新］アクションを追加する。

⑬

追加した［項目の更新］アクションに次の設定を行う。

● ［サイトのアドレス］：第8章でアプリのデータソースとなるSharePointリストを作成したサイトを指定

● ［リスト名］：［購買申請］を選択

⑭

［項目の更新］アクションで更新する列に値を設定する。

● ［ID］：［ID］

※ ［項目の取得］アクションの結果から挿入

● ［購入目的］：［購入目的］

※ ［項目の取得］アクションの結果から挿入

● ［ステータス］：「承認済み」と入力

※ 直接入力

● ［承認日］：［Completed date］

※ ［Start and wait for an approval］アクションの結果から挿入

※ アクション名が日本語表示の場合は［完了日］を指定

● ［コメント］：［Responses Comments］

※ ［Start and wait for an approval］アクションの結果から挿入

　［Responses Comments］を挿入すると［Apply to each］が自動的に設定される。

※ アクション名が日本語表示の場合は［応答 コメント］を指定

⑮
[はいの場合] 内で、[アクションの追加] をクリックし、アクション選択画面で「メール」等で検索して [メール通知を送信する] アクションを追加する。
※ [Apply to each] の中でアクションを追加

⑯
追加した [メール通知を送信する] アクションの設定を次のように変更する。
● [宛先]：[登録者Email]
※ [項目の取得] アクションの結果から挿入
● [件名]：[項目の取得] アクションの結果から [ID] を利用して任意の内容に編集
● [メールの本文]：[項目の取得] アクションの結果を利用して任意の内容に編集
コメントには [Start and wait for an approval] アクションの結果から [Responses Comments] を挿入

⑰
[はいの場合] 内の [項目の更新] アクションの [⋯] メニューから [クリップボードにコピー] をクリックしてアクションをコピーする。

⓲
[いいえの場合] 内の [アクションの追加] をクリックし、[自分のクリップボード] にある [項目の更新] を挿入する。
※クリップボードにコピーが利用できない場合は、[項目の更新] アクションを追加する。

⓳
コピーして挿入された [項目の更新2] アクションで、[ステータス] を「却下」に変更する。

⓴
[コメント] の値を削除し、[Start and wait for an approval] アクションの結果から [Responses Comments] を挿入する。
※[Apply to each] が自動的に設定される。

㉑ [はいの場合] 内の [メール通知を送信する] アクションの [⋯] メニューから [クリップボードにコピー] をクリックしてアクションをコピーする。

㉒ [いいえの場合] 内の [項目の更新2] アクションの下にコピーしたアクションを追加する。

※ クリップボードにコピーが利用できない場合は、[メール通知を送信する] アクションを追加する。

㉓ [メールの本文] の文言を、却下時の通知メールにふさわしい内容に編集する。コメントの値はいったん削除し、[Start and wait for an approval] アクションの結果から [Responses Comments] を挿入する。

㉔ [保存] をクリックしてフローを保存する。

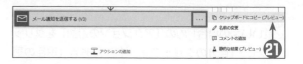

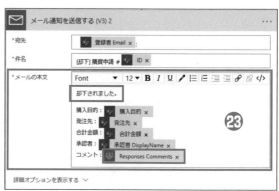

ヒント

動的なコンテンツの追加

他アクションの結果を挿入する場合、フロー内のアクションが増えてくると［動的なコンテンツ］の一覧からスクロールして選択する作業が面倒に感じてきます。画面のように［動的なコンテンツ］の一覧内は検索できるため、挿入したい値を検索してから選択することで面倒なスクロール操作を軽減できます。

同じ名前の値が複数ある場合は、どのアクションの結果値であるかを確認して挿入するようにします。同じ名前であってもアクションが異なれば、中に含まれる値が異なる可能性があるためです。また設定中のアクションよりも、先にあるアクションからの結果を利用すると実行時にエラーとなるため、あわせて注意してください。

フローの全体像

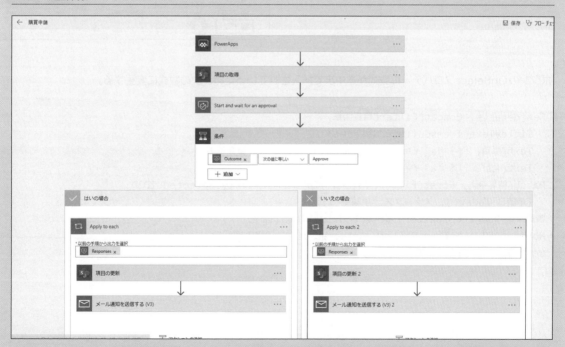

手順で作成したフローの全体像は上のようになります。手順では行っていませんが、［...］メニューから［名前の変更］をクリックすることで、各アクションの名前は変更可能です。後からフローの内容を確認する際にわかりやすい名前に変更できます。

Power Appsとフローを連携

　Power Appsアプリからフローを実行するように設定を行います。第8章で解説したアプリでボタンのOnSelectプロパティでフローを実行するよう設定を追加します。

❶
DefaultScreenに配置済みの［申請開始］ボタンを選択し、［アクション］-［Power Automate］をクリックする。

❷
データウィンドウが表示され、作成済みのフローが一覧表示されるため、［購買承認］を選択する。

❸
ボタンのOnSelectプロパティに数式が途中まで自動挿入されていることが確認できる。

❹
［データソース］を確認すると、アプリ内にフローが含まれていることが確認できる。

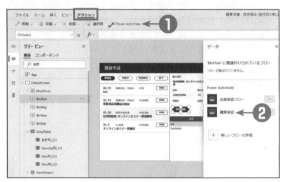

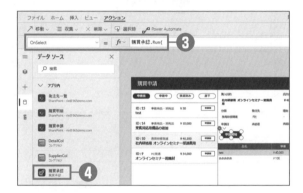

❺
ボタンのOnSelectプロパティに数式が途中まで挿入されているため、次の数式に変更する。

```
Set(details, Concat(Filter(購買明細,
  Title=Text(ItemsGallery.Selected.ID)), "・" & 品名 & "：" &
  Text(単価, "[$-ja]￥###,###") & " × " & Text(数量) & " = " &
  Text(合計, "[$-ja]￥###,###"), " / "));
Patch(購買申請, First(Filter(購買申請, ID=ItemsGallery.Selected.ID)),
  {申請日:Today(), ステータス:"申請中"});
購買承認.Run(ItemsGallery.Selected.ID, details);
Notify("ID : "&ItemsGallery.Selected.ID&" 承認依頼を送信しました。");
Set(typeFilter, "申請中");
```

[申請開始] ボタンに設定した内容

[申請開始] ボタンのOnSelectプロパティで次の処理を行うよう設定しました。

① 明細データを文字列連結

フローにより送信される承認依頼メールに申請内容を含めています。明細項目を含められるよう、フローを実行する申請データの明細項目（複数アイテム）を文字列連結しています。

```
以下の内容を確認して承認してください。
申請者：Rie Okuda
購入目的：テストデータの購入目的2
発注先：A社
合計金額：8000
――――――
明細
・テスト品名C：￥2,800 × 2 ＝ ￥5,600 / ・テスト品名D：￥1,200 × 2 ＝ ￥2,400
```
→ この部分

```
Set(details, Concat(Filter(購買明細,
    Title=Text(ItemsGallery.Selected.ID)), "・" & 品名 & "：" &
    Text(単価, "[$-ja]￥###,###") & " × " & Text(数量) & " ＝ " &
    Text(合計, "[$-ja]￥###,###"), "/"));
```

② 申請日とステータスを更新

```
Patch(購買申請, First(Filter(購買申請, ID=ItemsGallery.Selected.ID)),
    {申請日:Today(), ステータス:"申請中"});
```

③ フローを実行

フロー内で [PowerAppsで確認] とした内容はフローを実行する際にパラメーターとして指定します。手順で作成したフローでは [PowerAppsで確認] を2回利用しています。1つ目は [項目の取得] アクションで取得するSharePointリストアイテムのIDで、2つ目は承認依頼メールの本文に含める内容です。

```
購買承認.Run(ItemsGallery.Selected.ID, details);
```

④ アプリ内に通知を表示し、ギャラリーのフィルター条件を変更

```
Notify("ID : " & ItemsGallery.Selected.ID & " 承認依頼を送信しました。");
Set(typeFilter, "申請中");
```

2 入力内容をファイルにして送信

　アプリ内で入力、操作したデータは、各種データソース内に送信することは可能ですが、ファイルとして出力が必要なケースや印刷が求められることもあります。実行中の Power Apps アプリの画面を印刷することは不可能ではありませんが、出力結果としてふさわしいかといえばそうではないはずです。

　ここではアプリで操作したデータを html ファイルとして出力し、保存およびメールで送信するフローを作成する方法を解説します。第8章で作成したアプリ内で、承認済みデータをファイルとして出力する機能を追加します。

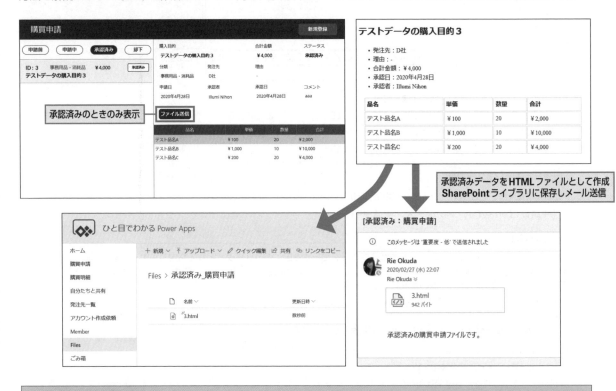

承認済みデータを **HTML** ファイルとして作成
SharePoint ライブラリに保存しメール送信

フローの作成

　Power Automate でフローを作成します。

❶
Power Automate 画面を開く。

❷
[作成] を開き、[インスタントフロー] をクリックする。

③
次の設定を行い、［作成］をクリックする。
- ●フロー名：「HTMLCreate」と入力
- ●トリガー：[PowerApps] を選択

④
フローの編集画面が開くため、［新しいステップ］を
クリックし、アクション選択画面で「SharePoint」
等で検索して［ファイルの作成（SharePoint）］ア
クションを追加する。

⑤
［ファイルの作成（SharePoint）］アクションで次の
設定を行う。
- ●[サイトのアドレス]：保存先のサイトを指定
- ●[フォルダーのパス]：ライブラリ、もしくはライ
  ブラリ内のフォルダーを指定
- ●[ファイル名]：[動的なコンテンツ] から [Power
  Apps で確認] を挿入
- ●[ファイルコンテンツ]：[動的なコンテンツ] から
  [PowerApps で確認] を挿入

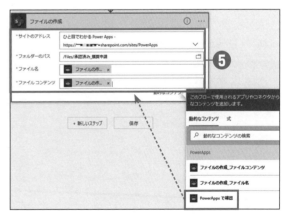

❻

[新しいステップ] をクリックし、[メールの送信（Office 365 Outlook）] アクションを追加する。

❼

[メールの送信（Office 365 Outlook）] アクションで次の設定を行う。

- [宛先]：[PowerApps で確認] を挿入
- [件名] [本文]：任意の内容を入力

❽

[詳細オプションを表示する] をクリックし、次の設定を行う。

- [添付ファイル 名前 -1]：[動的なコンテンツ] から [ファイルの作成_ファイル名] を挿入
- [添付ファイル コンテンツ -1]：[動的なコンテンツ] から [ファイルの作成_ファイルコンテンツ] を挿入

❾

フローを保存する。

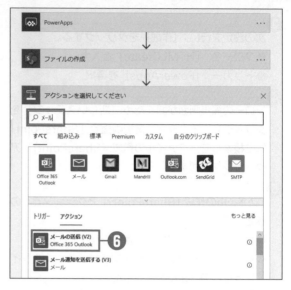

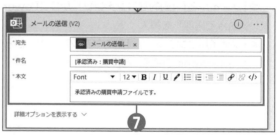

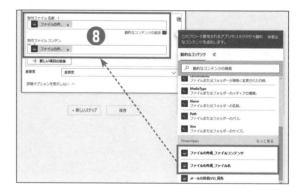

Power Appsとフローを連携

　Power Appsアプリからフローを実行するように設定を行います。第8章で解説したアプリにボタンを追加し、フローを実行するよう設定を追加します。

❶
DefaultScreenにボタンを追加し、次のように設定する。
- Textプロパティ："ファイル送信"
- 位置やFillプロパティは任意に調整

※画面ではボタンの名前を「BtnMail」に変更

❷
ボタンのVisibleプロパティを次のように設定する。

```
ItemsGallery.Selected.ステータス="承認済み"
```

❸
追加したボタンを選択し、[アクション] – [Power Automate] をクリックする。

❹
データウィンドウが表示され、作成済みのフローが一覧表示されるため、[HTMLCreate] を選択する。

❺
ボタンのOnSelectプロパティに数式が途中まで自動挿入されていることが確認できる。

❻
[データソース] を確認すると、アプリ内にフローが含まれていることが確認できる。

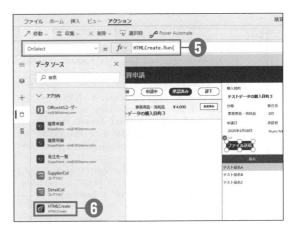

⑦ ボタンの OnSelect プロパティに数式が途中まで挿入されているため、次の数式に変更する。

```
Set(
  html,
  "<!doctype html><html lang=' ja' ><head>  <meta charset='UTF-8'></head>
  <style>table{width: 90%;margin-left:15px;}td, th{border: 1px solid #dddddd;text-
align: left;padding: 5px;}
  </style></head><body>
  <h2>" & ItemsGallery.Selected.購入目的 & "</h2>
  <ul><li>発注先：" & ItemsGallery.Selected.発注先 & "</li><li>理由：" & ItemsGallery.
Selected.理由 & "</li>
  <li>合計金額：" & Text(ItemsGallery.Selected.合計金額, "[$-ja] ￥###,###") & "</li>
  <li>承認日：" & ItemsGallery.Selected.承認日 & "</li>
  <li>承認者：" & ItemsGallery.Selected.承認者.DisplayName & "</li></ul>
  <table><tr><th>品名</th><th>単価</th><th>数量</th><th>合計</th></tr>" &
  Concat(
    Filter(購買明細, Title=Text(ItemsGallery.Selected.ID)),
    "<tr><td>" & 品名 & "</td><td>" & Text(単価, "[$-ja] ￥###,###") & "</td><td>" &
    Text(数量) & "</td><td>" & Text(合計, "[$-ja] ￥###,###") & "</td></tr>"
  )
  & "</table></body></html>"
);
HTMLCreate.Run(ItemsGallery.Selected.ID & ".html", html , _userEmail);
Notify("ファイルをメールで送信しました！")
```

```
Set(
    html,
    "<!doctype html><html lang='ja'><head>  <meta charset='UTF-8'></head>
    <style>table{width: 90%;margin-left:15px;}td, th{border: 1px solid #dddddd;text-align: left;padding: 5px;}
    </style></head><body>
    <h2>" & ItemsGallery.Selected.購入目的 & "</h2>
    <ul><li>発注先：" & ItemsGallery.Selected.発注先 & "</li><li>理由：" & ItemsGallery.Selected.理由 &
    "</li><li>合計金額：" & Text( ItemsGallery.Selected.合計金額,"[$-ja]￥###,###") & "</li><li>承認日：" &
    ItemsGallery.Selected.承認日 & "</li><li>承認者：" & ItemsGallery.Selected.承認者.DisplayName &
    "</li></ul><table><tr><th>品名</th><th>単価</th><th>数量</th><th>合計</th></tr>" &
    Concat(
        Filter(購買明細, Title = Text(ItemsGallery.Selected.ID)),
        "<tr><td>" & 品名 & "</td><td>" & Text(単価,"[$-ja]￥###,###") & "</td><td>" &
        Text(数量) & "</td><td>" & Text(合計,"[$-ja]￥###,###") & "</td></tr>"
    )
    & "</table></body></html>"
);
HTMLCreate.Run( ItemsGallery.Selected.ID & ".html", html, _userEmail);
Notify("ファイルをメールで送信しました！")
```

ヒント

［ファイル送信］ボタンに設定した内容

［ファイル送信］ボタンの OnSelect プロパティで次の処理を行うよう設定しました。

① HTML 文字列を作成

明細項目を含む申請データを HTML 文字列となるよう文字列連結をしています。
Set 関数を利用して html（グローバル変数）に格納しています。

② フローを実行

フロー内で［PowerApps で確認］とした内容はフローを実行する際にパラメーターとして指定します。手順で作成したフローでは［PowerApps で確認］を 3 回利用しています。1 回目はファイル名、2 回目は HTML コンテンツ、3 回目はメールの宛先です。

③ アプリ内に通知を表示

ポイント　キャンバスアプリの印刷機能

　本書の執筆時点では、キャンバスアプリでは印刷に対応する機能は含まれないため、印刷に対応したい場合や、データをファイルとして保存したい場合には工夫が必要です。本章で解説した Power Automate と組み合わせて HTML ファイルとして保存する方法以外にも、TXT ファイルとして内容を保存したり、Word や Excel のファイルを用意して値を挿入するなどさまざまな方法が考えられますが、少々手間がかかることは間違いありません。印刷や PDF ファイルとして保存する機能は Power Apps ユーザーや Power Apps コミュニティで要望がかなり多いフィードバックということもあり、今後の新機能の予定に含まれています。将来的には Power Apps 内で画面内のコンテンツを PDF 形式に保存する機能が利用できるようになる予定とされています。

■著者紹介

奥田 理恵（おくだ りえ）

IT技術トレーナー、コンサルタント
株式会社イルミネート・ジャパン

　株式会社イルミネート・ジャパン（https://www.illuminate-j.jp）は、マイクロソフトのクラウドサービスを中心とした技術トレーニングの提供、技術資料およびサンプルプログラム開発、技術支援/活用コンサルティングサービスの提供を行っている。Microsoft 365やPower Platform、SharePointに関するオリジナル研修コースは、ユーザー向け、サイト管理者向け、IT管理者向け、開発者向けと幅広く、かつ国内屈指のラインナップ数で提供。また同社の公式技術ブログ「イルミネート・ジャパンブログ」の執筆者。各種カンファレンス、イベント、セミナーでの講演多数。Microsoft MVP受賞歴あり。

主な著書

・『できるPower BI　データ集計・分析・可視化ノウハウが身に付く本』（インプレス、2019年）
・『ひと目でわかるPowerApps - ノンコーディングでのビジネスアプリ作成入門』（日経BP、2018年）
・『ひと目でわかるOffice 365　サイトカスタマイズ&開発編 - SharePoint Server 2016対応版』（日経BP、2017年）
・『ひと目でわかるSharePoint 2013　サイトカスタマイズ&開発編』（日経BP、2014年）
・『OBA実践講座　InfoPath 2007とSharePoint Server 2007によるフォーム活用』（日経BP、2009年）
・『OBA実践講座　Excel 2007とSharePoint Server 2007によるデータ連携』（共著、日経BP、2009年）

●本書についてのお問い合わせ方法、訂正情報、重要なお知らせについては、下記Webページをご参照ください。なお、本書の範囲を超えるご質問にはお答えできませんので、あらかじめご了承ください。

https://project.nikkeibp.co.jp/bnt/

●ソフトウェアの機能や操作方法に関するご質問は、製品パッケージに同梱の資料をご確認のうえ、日本マイクロソフト株式会社またはソフトウェア発売元の製品サポート窓口へお問い合わせください。

ひと目でわかるPower Apps
ローコードで作成するビジネスアプリ入門　改訂新版

2020年 6 月29日　　初版第 1 刷発行
2021年 9 月27日　　初版第 5 刷発行

著　　　者　　株式会社イルミネート・ジャパン 奥田 理恵
発 行 者　　村上 広樹
編　　　集　　生田目 千恵
発　　　行　　日経BP
　　　　　　　東京都港区虎ノ門4-3-12　〒105-8308
発　　　売　　日経BPマーケティング
　　　　　　　東京都港区虎ノ門4-3-12　〒105-8308
装　　　丁　　コミュニケーションアーツ株式会社
DTP制作　　株式会社シンクス
印刷・製本　　図書印刷株式会社

ISBN978-4-8222-5397-4　　Printed in Japan